L'ÉPOPÉE FEDERER

Jiva Bahati

DU MÊME AUTEUR :

L'affaire Megaupload (essai, décembre 2012)
Sans domicile fixe (nouvelle, février 2013)

JIVA BAHATI

À mon père, pour m'avoir insufflé l'amour du sport

SOMMAIRE

INTRODUCTION

Il n'est légende plus fondatrice que celle que l'on connaît sous le nom de l'épopée de Gilgamesh. Cet ancien récit babylonien raconte l'histoire d'un roi, Gilgamesh, un tiers homme et deux tiers dieu, qui terrorisait les habitants de sa ville d'Uruk. Longtemps, il a imposé sa loi sans qu'aucun de ses administrés n'ait mot à lui dire.

Un jour, ses sujets se sont révoltés. Afin d'échapper à leur joug, ils ont croisé les doigts et ont imploré l'aide des dieux. Leurs prières furent exaucées, car un sauveur leur fut envoyé. Il s'appelait Enkidu et était le parfait pendant de Gilgamesh. Il était le gentil là où le roi d'Uruk était le méchant. Mais les deux monstres, après s'être longtemps combattus, ont compris qu'ils étaient complémentaires et se sont liés d'amitié. Unis de la sorte, ils sont allés à la quête de grands exploits.

Malheureusement, un beau jour, Enkidu tomba malade

et mourut. Lorsque Gilgamesh l'apprit, il en fut profondément peiné. Sa mélancolie le poussa toute sa vie à rechercher le secret de l'immortalité. Il se rendit auprès du dieu Outa-Napishtî pour l'obtenir, mais au moment où il allait s'en emparer, la plante de jouvence lui fut dérobée par un serpent. Ses rêves de vie éternelle s'évanouirent à tout jamais.

Si j'ai choisi de démarrer ce livre par cette légende, et même d'y faire un clin d'œil dans son titre, c'est parce que je trouvais non seulement que Federer était de la trempe de ces héros antiques, mais aussi parce que sa trajectoire rappelle par bien des points celle du héros d'Uruk. Durant de longs mois, le Suisse a régné sans partage sur la planète tennis. Il a imposé sa loi et écœuré de son talent ses adversaires les plus opiniâtres. Lassés de subir son hégémonie, les joueurs du circuit ATP[1] ont fait appel aux « dieux » du tennis. Ceux-ci leur ont envoyé, non pas un, mais plusieurs Enkidus. Les Nadal, Djokovic et autre Murray, après avoir combattu le Suisse, ont finalement fait bloc avec lui. L'association de ces quatre donna naissance au Big Four, qui domina et domine encore outrageusement le circuit masculin. Les membres de ce quatuor, qui étaient censés s'entretuer, ont au contraire superposé leurs talents pour propulser le tennis dans une dimension jamais atteinte auparavant.

S'il est évident que le personnage de Federer pousse au dithyrambe, s'il est vrai, comme le dit le philosophe André Scala, qu'on a envie de chanter ses exploits comme Pindare chantait les héros de l'Olympe, permettez-moi de ne pas

---

[1] L'ATP désigne l'Association des joueurs de tennis professionnels (*Association of Tennis Professionals*). Le circuit ATP correspond au circuit masculin.

tomber dans ce panneau. Mon but n'est pas d'écrire une hagiographie, comme il m'arrive souvent d'en lire dans les textes qui parlent de Federer. Je ne suis pas son thuriféraire et n'ai ni l'envie, ni la naïveté de me lancer dans un tel exercice. Roger n'est pas un héros immaculé ; sa carrière, si remarquable soit-elle, est aussi empreinte de mauvaise foi et de ratés que l'honnêteté intellectuelle m'oblige à révéler.

Si ce livre n'est pas un panégyrique, ne vous attendez pas non plus à y trouver un pamphlet. Ce n'est pas un exercice que j'affectionne et, à mon sens, la personne de Federer ne le mérite pas.

Ce livre n'est pas non plus une biographie : des récits de vie de Federer, il en existe déjà beaucoup sur le marché et je ne vois pas quel élément biographique je pourrais raconter en plus de ce que d'autres ont déjà rapporté de lui. Par ailleurs, je ne suis pas un grand fan du genre biographique : il s'agit bien souvent de récits inutilement longs, profondément ennuyeux et excessivement détaillés qui révèlent rarement la quintessence de la personne dont ils racontent la vie.

Non, ce livre n'entre pas dans une catégorie prédéfinie. Ni tombereau d'éloges, ni réquisitoire, ni récit de vie et un peu tout ça à la fois, je voulais faire de cet opus quelque chose d'assez peu classique, plus proche de mon expérience personnelle du joueur que d'une thèse universitaire ou d'un almanach tennistique. J'espère de tout cœur que vous adhérerez à mon parti pris et que je parviendrai à vous emmener dans cette aventure littéraire.

Une littérature de sport ?

Cette aventure littéraire, parlons-en justement. Pour l'avoir constaté chez d'autres, je sais qu'il n'est pas simple aujourd'hui de voir un écrit sportif susciter l'intérêt du grand public. L'expérience sportive est devenue si médiatisée qu'il est de plus en plus difficile d'en communiquer la ferveur avec des mots. C'est d'ailleurs la thèse que développe André Scala dans le livre qu'il consacre à Federer. « *Plus le sport est montré*, dit-il, *moins il est célébré. Poètes et narrateurs, nécessaires à sa gloire, sont réduits au silence* ». On ne saurait lui donner tort. En effet, quel intérêt y a-t-il pour l'auteur à transcrire, c'est-à-dire graver dans l'inerte, quelque chose d'aussi mouvant, d'essentiellement télévisuel ? Et quel intérêt y a-t-il pour le lecteur à s'imposer la prose d'un événement dont il pourrait profiter plus pleinement à la télévision, sans l'effort mental que demande la lecture ? D'ailleurs, ce n'est pas un hasard si la plupart des articles qui relatent des faits sportifs sur Internet s'accompagnent de plus en plus d'images ou de contenus audiovisuels. Comme si le texte en lui-même ne suffisait plus. Comme si l'imagination suscitée par les mots ne trouvait plus son lieu d'expression dès lors qu'il est question de sport.

Dans les raisons qui expliquent la désintérêt du public à l'égard des écrits sportifs, à leur hypermédiatisation s'ajoute le fait qu'historiquement, surtout dans nos contrées francophones, sport et littérature n'ont jamais fait bon ménage. La pratique du sport fut longtemps jugée secondaire, et dans tout les cas pas suffisamment noble pour servir d'inspiration à la sacro-sainte littérature. Dans une interview qu'il accorde au journal *Le Monde*, l'écrivain et journaliste sportif Benoît Heimermann rappelle qu'Albert

Camus et Jean-Paul Sartre furent marginalisés à partir du moment où ils exprimaient leur passion pour le sport. Le dernier cité allait jusqu'à regarder les matchs en cachette ! « *Le fait qu'ils s'intéressaient au sport les dévaluait. On les considérait comme des écrivains de seconde zone* », explique Heimermann.

Cette vision des choses a-t-elle changée ? Pas vraiment. Si le sport a de nouveau pris une place importante dans la société, étant lui aussi frappé de tous les maux (tricherie, corruption, *etc.*) qui rongent notre époque, la littérature sportive, elle, a du mal à s'imposer. Comme toute littérature de genre, elle est encore considérée comme de la sous-littérature, de la littérature à part, réservée à un public d'initiés. Il est tout aussi probable de voir un livre de sport couronné du prix Goncourt que d'imaginer un gardien de but obtenir le Ballon d'or. La raison en est simple : la littérature sportive ne concourt pas dans la même catégorie que la littérature générale.

Cette littérature sportive est d'autant plus négligée par les éditeurs qu'elle est loin d'être rentable. « *Le public est assez restreint, donc les éditeurs voient ça d'un œil dubitatif. Pas beaucoup de ventes, donc pas beaucoup d'avances, donc pas beaucoup de temps laissé à l'auteur* », résume à ce sujet Philippe Auclair, auteur anglophile de nombreux ouvrages sur le sport. Et ce qu'il raconte est vrai. Si l'auteur du livre n'est pas célèbre, ou si son lancement n'est pas fait avec un *teasing* intelligemment orchestré (je pense par exemple au livre *Je suis le footballeur masqué,* qui s'est bien écoulé grâce au mystère qui entourait l'identité de son auteur), il y a de fortes chances qu'il se vende très mal.

C'est dommage, car quand on prend le temps de s'intéresser à cette littérature, on se rend vite compte que les meilleurs d'entre eux valent le détour, notamment en ce qu'ils véhiculent des histoires riches d'humanité et permettent d'avoir un regard neuf et différent du contexte politico-culturel qui encadre le moment sportif. Le livre de Lola Lafon, *La Petite communiste qui ne souriait jamais*, qui raconte de manière romancée la vie de la gymnaste Nadia Comaneci, est intéressant non seulement en ce qu'il relate les moments forts de la carrière de la jeune et talentueuse gymnaste roumaine, première à obtenir la note maximale dans sa discipline aux Jeux Olympiques, mais aussi parce qu'il pose parfaitement le décor des pratiques communistes de l'époque et montre jusqu'où elles pouvaient mener. Jean Hatzfeld, dans *Où est la nuit*, se sert du récit d'un marathonien pour décrire la guerre en Erythrée. Adrien Bosc, cofondateur de la revue littéraire et sportive *Desports*, raconte qu'il a eu l'idée de sa publication en lisant dans le New Yorker un reportage sur l'équipe cycliste du Rwanda où, relate-t-il, « *[il en] apprenait beaucoup plus (…) sur le génocide à travers [une] histoire de vélo que dans n'importe quel documentaire classique* ». Ceci car, précise-t-il, « *l'angle sportif permet d'aborder tous les sujets de la vie* ».

Oui, la littérature de sport est d'une richesse inestimée, pour peu qu'on s'affranchisse des a priori la concernant et qu'on fasse l'effort de s'y plonger. Quand le sport ou sportif sujet du livre est digne d'intérêt et l'auteur qui le raconte talentueux, il y a un réel plaisir à dévorer de tels livres.

Je n'arrive pas à la cheville des meilleurs écrivains, j'en suis conscient. J'essaierai malgré tout de donner le meilleur de moi pour offrir un récit de qualité. Mais avant de plonger dans cette épopée, je pense qu'il est important que je vous décrive les circonstances dans lesquelles j'ai découvert Federer. Cette première « rencontre », il y a de cela plus de dix ans, avait déjà en soi quelque chose d'irrationnel.

Ma découverte de Federer

La rencontre. C'est par ce thème que Rémi Capber démarre le livre « Roger, mon amour », écrit avec ses partenaires du magazine Grand Chelem. Dans un lyrisme remarquable, il raconte comment, un jour de match, quelque part dans une salle d'attente, il a croisé « *une demi-seconde* » le regard de ce joueur qui avait déjà conquis son admiration. « *On ne se rencontre qu'en se heurtant et chacun, portant dans ses mains ses entrailles déchirées, accuse l'autre, qui ramasse les siennes* », écrit-il pour expliquer le choc, reprenant-là un extrait de Flaubert.

Ma première « rencontre » avec Federer n'avait pas les mêmes accents poétiques. Je l'ai découvert un matin de janvier 2005, le jour où mes parents installaient la télévision câblée à la maison. Sur la chaîne de télévision Infosport, un gentleman, portant une casquette floquée du sigle RF, encerclé d'une dizaine de caméras, disait à quel point il était fier d'avoir bouclé une extraordinaire saison 2004. À l'époque, je ne savais à peu près rien de lui ni du tennis. À peine avais-je suivi quelques matchs, mais sans y porter grand intérêt. Quelques réminiscences de la finale de Roland-Garros 2003 entre Justine Hénin et Kim Clijsters, mais c'est à peu près tout. Je me souviens vaguement de la Liégeoise, au moment de la cérémonie de remise des trophées, dédier sa victoire à sa mère qui, disait-elle, veillait sur elle depuis le paradis. Hormis ces bribes de souvenirs, rien. Je vivais dans un pays qui ne célébrait comme seuls sports valables que le football et le basket-ball. Ce qui m'a valu d'ailleurs les moqueries et les sarcasmes de mes proches. Quelle mouche m'avait piqué pour que je m'intéresse à un sport aussi ennuyeux et incompréhensible que le tennis. Un sport qui donne des torticolis. Un sport où on n'est même pas foutu de bien compter.

Ce matin de janvier 2005 donc, quand j'écoutais avec un intérêt relatif Federer revenir sur sa saison 2004, j'étais loin d'imaginer qu'il deviendrait quelques années plus tard l'un de mes sportifs préférés. Depuis cette date, j'ai presque tout suivi de sa carrière. Même si je n'ai pas vu toutes ses rencontres en direct, j'ai toujours cherché à en connaître le résultat et à lire les analyses après-match. J'étais pétri d'admiration devant son jeu, son talent, sa classe. J'étais conquis, et le tennis est devenu une de mes passions.

Beaucoup de mes camarades m'ont critiqué quand ils ont appris que je supportais Federer. Ils m'ont dit que j'étais toujours du côté des « meilleurs », que je supportais les étrangers mais pas les compatriotes, que je ne prenais jamais aucun risque. Comme si j'étais obligé de ne supporter que les sportifs de mon pays. Comme si supporter un joueur ou une équipe revenait à prendre un risque !

En réalité, ce que mes amis n'ont jamais compris, c'est que j'ai toujours eu un faible pour les sportifs et les équipes qui réécrivaient l'Histoire. J'admire le Real Madrid parce que ce club est entré dans la légende, de par ses multiples victoires en Ligue des Champions, de par le somptueux but de Zidane à Glasgow, de par les nombreuses stars qui y sont passées. J'ai aimé Schumacher parce que c'était un excellent pilote et parce qu'il avait réussi l'exploit de gagner le Grand Prix de Formule 1 cinq années consécutives. J'ai suivi avec passion Lance Armstrong parce qu'il révolutionnait l'histoire du cyclisme et du Tour de France, même si on a compris par après qu'il ne marchait pas qu'à l'eau. Je suis impressionné par Usain Bolt ou Renaud Lavillenie pour leur capacité à faire exploser des records qu'on croyait imbattables. Oui, peu me chaut la réussite du moment d'un sportif ou d'une équipe, c'est sa faculté à façonner la légende qui m'attire. Et dans le panthéon des joueurs qui ont réécrit l'histoire de leur sport, Federer y occupe à coup sûr les places d'honneur.

Un match de légende

Quand je le découvre donc ce jour-là, hormis l'impression positive qu'il me laisse lors de cette interview télévisée, je ne sais presque rien du bonhomme, et ce n'est pas ce court extrait qui m'aura poussé à en savoir plus sur sa personne. Mon admiration pour lui a été sublimée quelques semaines plus tard, à l'occasion d'un match qui demeure l'un des plus légendaires du Suisse.

Ce match, c'est la demi-finale Safin-Federer à l'Open d'Australie 2005. En regardant par hasard Euronews, je tombe sur les infos sportives et j'apprends que Federer, censément le meilleur, était tombé en cinq sets face à un certain Marat Safin. Les journalistes en avaient parlé avec une telle surprise qu'il fallait que je m'intéresse de plus près à cette défaite. J'ai par la suite appris que le match avait été épique, qu'il avait été disputé en cinq sets, que Federer avait fait appel au kiné, que son adversaire avait changé son tshirt en un autre rouge, et que dans ce haut à la couleur du sang, il était parvenu, tel un toréador, à dompter le taureau Suisse. Safin était allé en finale et avait remporté le tournoi contre Lleyton Hewitt, star du tennis australien et un des meilleurs du circuit à l'époque. Safin, Hewitt, auxquels on peut même rajouter Andy Roddick : des joueurs à qui le tennis promettait un brillant avenir mais qui ont tous été balayés par l'ouragan Federer.

Cette demi-finale contre Safin fut l'un des rares moments de faiblesse d'une année où Federer atteignit un total de 81 victoires pour 4 défaites. Pour tout amateur de tennis, le chiffre donne le tournis. L'année 2005 entérine donc la domination du Suisse sur le circuit ATP et marque le début de mon admiration à son égard.

Voilà ! Cette tournure dramatique, c'est irrationnel je vous l'accorde, a suffi pour que je m'intéresse au phénomène et que j'explore sa légende. Mais avant de palabrer sur tous ces moments qui ont fait la carrière de Federer, revenons brièvement à ses débuts. Connaître les circonstances dans lesquelles il est arrivé au tennis est capital pour comprendre pourquoi il est devenu cette légende que tous reconnaissent volontiers.

CHAPITRE 1 : GRAINE DE CHAMPION

« *Aux âmes bien nées, la valeur n'attend point le nombre d'années* », disait Pierre Corneille. Bien né je ne sais pas, mais né pour le tennis, le petit Roger le fut assurément. Chez les Federer, le tennis est un sport de famille, même si tous n'y jouent pas au même niveau. Son père Robert et sa maman Lynette sont inscrits au club de tennis local, le Old Boys Tennis Club de Bâle. Robert y dispute quelques compétitions de double. Lynette des matchs par équipe. Sa sœur Diana y va de temps en temps mais elle n'y est pas inscrite.

Quand Roger a huit ans, Lynette l'inscrit au club, impressionnée qu'elle est par le programme junior. La formatrice de l'époque, Madeleine Bärlocher, décrit Roger comme un jeune garçon doué mais très sensible, qui ne supportait pas la défaite et qui pouvait pleurer longtemps sur le court, jusqu'à une heure après la fin de la rencontre.

C'est par ailleurs quelqu'un de très colérique et même de très grossier.

Si le jeune Federer fait montre d'un talent certain au tennis, il n'en est pas moins doué dans d'autres sports, le football notamment. « *Il était très à l'aise dans les sports de balle* », disait d'ailleurs sa formatrice. En cela, il ressemble à son futur rival Rafaël Nadal, dont la pratique du tennis ne l'empêcha pas de jouer au football et même de remporter des tournois locaux. Mais tout comme son rival espagnol, à un moment donné Federer dut faire un choix, et ce fut celui du tennis.

De 14 à 16 ans, entre 1995 et 1997, Federer suit deux années de tennis-études à Ecublens, dans le canton du Vaud. C'est là notamment qu'il apprend le français, langue qui le servira beaucoup dans sa carrière, notamment dans sa conquête des cœurs francophones. Ses profs le décrivent comme un garçon pas spécialement brillant à l'école. Sur le plan tennistique, il était talentueux, instinctif, mais on ne pouvait pas deviner qu'il deviendrait un excellent joueur. « *Ce n'était pas un prodige du tennis. On ne pouvait pas imaginer, à voir sa technique, son jeu de jambes ou son attitude, qu'il deviendrait un si grand champion. (…) Il n'était pas stable, il était très colérique sur le terrain.* », déclare Christophe Freyss, un des entraîneurs français du centre.

Pas exceptionnel à l'école, loin d'être le meilleur au tennis, doté d'un caractère de chien : ces éléments ne l'empêchent pas de terminer champion du monde junior et d'intégrer le circuit professionnel en 1998, l'année de ses dix-sept ans. Mais ce changement de statut n'entraîne pas automatiquement un changement d'attitude. Sa mère raconte qu'à cause de ses sautes d'humeur, les entraîneurs de Federer avaient suggéré qu'il aille voir un coach mental. Roger avait accepté et les séances avaient duré près de deux ans. Le résultat fut pour le moins surprenant. Lynette confesse qu'elle ne reconnaissait plus son gamin. Il était devenu calme, beaucoup trop calme. La thérapie avait donné un effet non escompté et il fallut du temps pour que Federer trouve le bon équilibre. Dans sa mue vers la maturité, il fut beaucoup aidé par Peter Carter, l'entraîneur et mentor qui l'accompagna longtemps avant de connaître une mort tragique dans un accident de circulation en 2002.

Devenu professionnel en 1998, Federer ne côtoie pas immédiatement les hauteurs. Sa première finale ATP, il la dispute en 2000 au tournoi de Marseille, où il est battu par son compatriote Marc Rosset. Ceci dit, ce n'est pas cette contre-performance qu'il faut retenir de lui cette année-là, mais bien sa première participation au tournoi olympique de Sydney, tournoi qui marque sa vie sous plusieurs rapports.

Federer aux jeux olympiques

Il faut se rendre compte d'une chose : à l'époque, le tennis est loin d'être un sport olympique majeur. Il en avait d'ailleurs été exclu en 1924 avant d'y être réintégré soixante années plus tard. Il est vrai que depuis quelques olympiades, les Jeux changent de nature. L'empreinte commerciale y est de plus en plus forte et la compétition n'échappe pas aux tendances mercantiles observables dans la plupart des autres sports. Par ailleurs, les Jeux sont de plus en plus ouverts aux professionnels et gagnent en intérêt. Les stars de la NBA y apportent du sang neuf et la précocité de plus en plus marquée des talents du foot rend le tournoi intéressant, même s'il n'est ouvert qu'aux joueurs de moins de 23 ans. Le tennis, quant à lui, continue de traîner les pattes. Sport majeur dans l'esprit de beaucoup, il l'est moins dans le contexte des Jeux. D'ailleurs, c'est simple : les meilleurs ne se pressent pas le popotin pour y participer.

C'est peut-être en raison de cette absence de densité que Federer atteint plutôt facilement les demi-finales. Il y affronte le Français Arnaud Di Pasquale, aujourd'hui consultant tennis sur le service public. Le match est dur, accroché, mais c'est le Français qui l'emporte à la fin. Federer termine quatrième. Il ne gagne rien sur les courts, mais la rencontre qu'il fait en dehors atténue largement sa déception. Lors de ce fameux tournoi, Federer entame et officialise sa relation avec Miroslava Vavrinec – « Mirka » pour les intimes –, encore joueuse de tennis à l'époque. Elle deviendra sa femme neuf années plus tard.

Un mot sur Mirka. De trois ans plus âgée que Federer, elle joue un rôle très important dans l'épanouissement de son mari. Être la femme d'un tennisman n'est pas facile, la femme de Federer encore moins, et le dévouement dont elle fait preuve depuis toutes ces années est admirable. Je l'ai presque toujours vu dans les gradins lors des matchs de son mari. Je perçois ses craintes et ses frustrations quand il peine sur le court, mais aussi son ennui quand il déroule. Mirka est passée par toutes les émotions possibles. Si elle est autant impliquée dans la gestion de carrière de son chouchou que ses proches le disent, alors une partie des honneurs qui couvrent son homme doivent aussi lui revenir. Ne dit-on pas que derrière chaque grand homme se cache une [grande] femme ?

L'acte fondateur

À l'issue de la saison 2000, même s'il y a du mieux dans ses résultats, Federer reste le joueur irrégulier qu'il fut chez les juniors, capable de coups d'éclat tout comme de coups de sang dès que le match lui échappe. Mais en 2001, il accomplit deux performances de taille : la première quand il remporte son premier tournoi ATP à Milan, et la seconde quand il met au frigo l'un des plus grands joueurs de tennis de l'époque, Pete Sampras.

Pistol Pete, comme on le surnommait, excellait particulièrement sur gazon. Pour ceux qui n'ont aucune notion de tennis, sachez que le gazon est considéré (même si les choses ont évolué ces dernières années) comme une surface rapide tandis que la terre battue est ressentie comme étant la surface la plus lente du circuit. L'herbe convient donc mieux aux attaquants, aux gros et bons serveurs, à ceux qui pratiquent un jeu offensif, tandis que la terre battue est plus prisée des défenseurs, de ceux qui peuvent faire valoir leur grande résistance physique. Sampras est de la race des attaquants, et quand il se présente à Wimbledon, ce n'est pas pour faire de la figuration.

Le Grand Chelem londonien est le pré-carré de l'Américain. Il y a déjà gagné à sept reprises entre 1993 et 2000. Seul le néerlandais Richard Krajicek est parvenu à contrarier son hégémonie en 1996. Depuis, plus rien, plus personne n'est parvenu à le battre. Il est vrai qu'en 2001, Sampras n'est plus tout jeune, mais tout de même. Il a remporté les quatre dernières éditions de Wimbledon et reste en lice pour un quintuplé record.

Cette année-là, Federer atteint les quarts de finale de ce tournoi et doit défier un Sampras que par ailleurs il idole. Les ressorts de la dramaturgie, les ingrédients de la légende sont en place. On est à Wimbledon, le temple du tennis, ses courts silencieux, ses spectateurs venus d'un autre âge, les *miles* au lieu des kilomètres, le pré vert de chez vert, le blanc immaculé de ses acteurs[2]. D'un côté du filet, la légende vivante ; de l'autre, la légende en devenir.

Le match est un véritable combat. Les deux hommes se donnent coup sur coup, montent au filet à répétition comme on n'en voit plus aujourd'hui, et se lancent dans des *tie-breaks* de folie. Au final, au terme de cinq sets âprement disputés, l'élève bat le maître et signe l'exploit le plus retentissant de sa jeune carrière ! Et même s'il ne remporte pas le tournoi par la suite (il perd au tour suivant), cette victoire marque les esprits. Le jeune instable a signé un succès digne des plus grands. Sampras, pour sa part, quitte le court la mine déconfite après un dernier salut au public. Il ne remportera plus jamais Wimbledon.

La victoire contre Sampras, quoique spectaculaire, n'est pas celle qui lance la carrière de Federer. Il prendra le temps d'évoluer année après année, d'affiner son sang-froid, de remporter des victoires de prestige, de disputer pour la première fois les Masters en 2002, et de se rapprocher des meilleurs au classement ATP.

En 2003, il concrétise toutes les attentes qu'il avait fait peser sur sa personne. Remportant sept tournois en tout, dont Wimbledon face à l'australien Mark Philippoussis et

---

[2] Je raconte mon périple à Wimbledon en 2014 dans la section *Une virée à Wimbledon*, que vous pouvez retrouver dans l'appendice.

les Masters en fin d'année, il devient une valeur sûre du circuit. C'est d'ailleurs ce qu'il va confirmer durant les quatre années suivantes, les meilleures de sa carrière.

JIVA BAHATI

CHAPITRE 2 : LES ANNÉES FASTES

La période 2004-2007 marque un tournant dans la carrière de Roger. C'est au cours de cette période qu'il devient numéro un mondial et assoit sa domination sur le circuit masculin. Federer ne s'illustre pas seulement par sa place de numéro un, ses nombreuses victoires et ses nombreux records. Plus que des statistiques qui ne disent qu'une partie de la réalité, c'est surtout son style de jeu qui marque. Voir un match de Federer, c'est écouter une symphonie exécutée à la perfection. Des gestes tout en élégance, de la classe, de la finesse, du génie ! Ce sont ces choses-là qui resteront, beaucoup plus que ses ratios victoires/défaites en fin d'année ou le nombre de ses succès en Grand Chelem. Julien Boutter, celui que Federer a battu lors de son premier succès ATP à Milan, disait dans une interview qu'au moment où il [Federer] serait obligé d'arrêter, « *seules ses victoires et ses coups magiques demeureraient éternels* ».

Seulement, c'est sans doute ce style de jeu-là qui a précipité sa chute. Dans un univers tennistique où la grâce du beau jeu était subvertie par le rustre de l'efficacité, un Federer-tout-en-classe avait fatalement de moins en moins de moyens d'expression. Ascension, apogée, stagnation : trois mots qui résument parfaitement cette période de domination du Suisse lors de ces années fastes.

Une hégémonie presque parfaite

Quand commence l'année 2004, Federer débarque avec un statut particulier. Il n'est pas numéro un mondial, mais il a remporté les Masters en fin d'année 2003. Il est craint, mais la légitimité de son nouveau statut demande à être confirmée. Ce à quoi il s'attèle avec joie. De janvier à mars, il domine tout, ou presque. Il commence par l'Open d'Australie, décroche en passant la première place mondiale, poursuit sa chevauchée victorieuse par un succès probant aux Masters Series d'Indian Wells, mais il est stoppé net en Floride. Curieusement, alors qu'il en est le favori, Federer est éliminé du tournoi de Miami par un certain Rafael Nadal, qui le bat en deux sets. Ce même Nadal qui deviendra son plus grand adversaire un an plus tard.

Cette défaite est passée inaperçue à l'époque, mais elle mérite qu'on y revienne deux minutes. En 2004, alors qu'il est en tête du classement ATP, Federer perd face à un jeune joueur de 18 ans, qui n'est que 34ème mondial et que personne ne connaît vraiment bien. Cette défaite fut perçue comme un accident de parcours, mais elle signifiait beaucoup plus que ça. Analysée a posteriori, elle révèle qu'en réalité, Federer a toujours eu du mal contre Nadal, quelle que soit la surface.

Freiné, Federer l'est par la suite à Roland-Garros, où il sort dès les seizièmes de finale, ainsi qu'aux Jeux Olympiques d'Athènes, où il est éliminé au deuxième tour par le Tchèque Tomas Berdych. Inconnu il y a quatre ans, Federer avait échoué au pied du podium de la compétition olympique, et cela avait été un bon parcours. Quatre années plus tard, alors qu'il est numéro un, perdre en début du tournoi fait tâche. Faible tâche malgré tout dans l'ensemble d'une saison globalement réussie.

En 2005, l'année où je l'ai découvert, la contestation s'est accentuée, mais de manière souterraine. Si Marat Safin est le premier à battre Federer lors de ce fameux match dont j'ai parlé en introduction, c'est Nadal qui lui pose le plus de problèmes, en particulier sur terre battue. L'aisance de l'Espagnol sur la surface est telle que quand il s'apprête à affronter Federer en demi-finale à Roland-Garros, les *bookmakers* ne savent donner un favori. Est-ce Federer, le numéro un mondial depuis plus d'un an, ou Nadal, qui vient de boucler une tournée impressionnante sur terre en remportant Monte-Carlo et Rome ? De par sa victoire en quatre sets en un peu plus de deux heures de jeu, Nadal donne la réponse. En finale, il fait face à l'argentin Mariano Puerta, qu'il renverse à l'issue d'un combat de purs terriens. On apprendra quelques mois plus tard que Puerta était dopé ce jour-là. Sa suspension, prononcée par les hautes instances du tennis, le plonge dans l'anonymat pour le restant de sa carrière.

La victoire de Nadal à Paris l'expose aux yeux du monde et plonge Federer dans un doute relatif. La presse, par essence cyclothymique, s'interroge quant à sa capacité à gagner encore des gros tournois. Cela fait plus de six mois que Roger n'a plus remporté de Grand Chelem et c'est une anomalie. En plus, il y a ce phénomène Nadal, un jeunot de 19 ans qui remporte Roland-Garros la première année de sa participation et qui gagne du terrain au classement ATP. Que vaut-il sur les autres surfaces, par ailleurs ? Qu'adviendra-t-il de Federer à Wimbledon, tournoi joué sur une surface qu'il apprivoise mieux ? La réponse ne tarde pas à arriver : la même chose que les deux dernières années. Face à Andy Roddick, pourtant au meilleur de sa forme, Federer remporte le tournoi britannique avec, il faut le dire, l'aide de la pluie. Nadal, pour sa part, coince au second tour.

Ces résultats à Roland Garros et à Wimbledon induisent une fausse vérité que les ambiguïtés des années suivantes entérineront de manière maladroite : cette idée selon laquelle Federer serait « faible » sur terre battue et « fort » sur gazon. Les statistiques battent en brèche cette affirmation. S'il est vrai que Federer est plus fort sur gazon que sur terre battue, il n'est pas pour autant « faible » sur surface ocre. Le nombre de tournois qu'il y a gagnés, les nombreuses finales qu'il y a disputées en témoignent largement.

Requinqué par sa victoire à Wimbledon, Federer enchaîne les bonnes performances en fin d'année, remportant les Masters Series de Cincinnati et l'US Open. Mais à l'issue du Grand Chelem New-Yorkais, il se blesse et ne dispute aucun match jusqu'au tournoi des Maîtres. Lors des Masters, en dépit de son manque de compétition, il survole brillamment sa poule et se qualifie pour la finale. Ce retour en grâce aurait été parfait s'il n'y avait pas eu cette incroyable défaite contre l'argentin David Nalbandian en finale.

Cette rencontre, Nalbandian n'aurait jamais dû la disputer. Les Masters de Shanghai regroupent les huit meilleurs joueurs mondiaux de l'année, et au terme de la saison, Nalbandian n'en faisait pas partie. Il avait d'ailleurs prévu des vacances de pêche en Patagonie quand les organisateurs du tournoi ont décidé de le rappeler suite au forfait de Lleyton Hewitt. Il n'imaginait sans doute pas qu'il rapporterait un aussi gros poisson de son escapade asiatique.

Federer, lui, n'avait plus qu'une marche à gravir pour réussir l'une des saisons les plus abouties de l'histoire du tennis masculin. Sur l'ensemble de l'année, il cumule 81 victoires et 3 défaites. Trois minuscules défaites : celle contre Marat Safin à l'Open d'Australie, celle contre Richard Gasquet aux Masters Series de Monte-Carlo et celle contre Rafael Nadal en demi-finale à Roland-Garros. S'il gagne ce match, il égalera le ratio record de 82 victoires/3 défaites établi par John McEnroe en 1984. Une marche pour battre un nouveau record. Un seul match !

Federer démarre fort et remporte les deux premières manches 7-6, 7-6, au terme de deux tie-breaks à rallonge. Il s'effondre ensuite au cours des troisième et quatrième manches, qu'il perd 1-6, 2-6. Nalbandian semble filer tout droit vers la victoire dans le cinquième set. Il va jusqu'à mener 4-0 avant que Federer ne se reprenne. Il a un record à battre. Il ne peut pas le laisser filer si près du but. Alors il refait son retard. Petit à petit, il remonte la pente : 1-4, 2-4, 3-4, 4-4, 5-4. Nalbandian se reprend un peu, 5-5. Les deux hommes tiennent leur service et vont jusqu'au tie-break.

Nalbandian reprend du poil de la bête, Roger lutte mais finit par perdre le jeu décisif sur un coup droit qui s'écrase dans la bande du filet. Pêcher pour pêcher, Nalbandian accroche deux gros poissons : un trophée inespéré et le dinosaure du circuit, Roger Federer. Le Suisse termine l'année sur une défaite. 81 succès, 4 échecs. Le record de McEnroe est préservé, du moins temporairement. Roger réalise néanmoins une saison exceptionnelle avec 11 titres sur 15 tournois disputés. Mais dans son rétroviseur, un autre ogre vient lui aussi de glaner 11 titres. Il s'appelle Rafael Nadal et s'impose au cours des années qui suivent comme le plus grand rival de Federer.

Au final, malgré quelques contrariétés, 2005 vient confirmer une année 2004 déjà riche, mais 2006 sera la meilleure saison de Federer, celle où il gagnera le plus et où il offrira le jeu le plus séduisant de sa carrière.

La meilleure de toutes

En ce début d'année 2006, en dépit de la qualité de son jeu et l'assurance qu'il dégage, Federer est peut-être animé de quelques doutes. Il est certes toujours numéro un mondial et possède une confortable avance sur un Nadal non moins exceptionnel, mais son incroyable défaite en finale des Masters a peut-être laissé des traces. Du moins, c'est ce que peuvent espérer ses adversaires. Et pourtant, cette saison est la meilleure de toute sa carrière, sans aucun doute.

En début d'année, à l'Open d'Australie, Federer est confronté, il faut l'avouer, à des joueurs moyens tout au long de son parcours. Seul Nicolas Kiefer, un joueur allemand ancien numéro 4 mondial, parvient à lui prendre un set en demi-finale. Federer arrive donc en finale sans grande difficulté. Face à lui se présente Márcos Baghdatís, un joueur qui, jusqu'avant le début du tournoi, était très peu connu. Mais ça c'était avant. Tout au long du tournoi, sous la canicule australienne, le chypriote n'a cessé de faire le show, haranguant des supporters hystériques à chacune de ses rencontres. Il claque des coups droits surpuissants, exulte tel un Monfils dans ses meilleurs jours, remporte haut la main son quart et sa demi-finale en cinq sets face au monstre Nalbandian et à l'antistar croate Ivan Ljubičić. Clairement, s'il fallait désigner une star lors de cette Open d'Australie, le Chypriote remporterait la palme haut la main.

Quand Baghdatís se présente face à Federer, il sait qu'il lui faudra autre chose que sa fougue pour l'emporter. Federer n'est pas le premier venu. Il ne se laisse pas dépasser par n'importe quel joueur, aussi détonnant soit-il. Il est depuis près de deux ans le meilleur joueur de la planète et le numéro un mondial le plus pérenne de l'histoire du tennis, en terme de semaines consécutives passées sur ce trône.

Le Chypriote ne croit à la victoire finale que le temps du premier set, qu'il remporte 7-5. Ce premier set remporté n'est pas un fait anodin, car à l'époque, il était extrêmement rare de voir Federer perdre la première manche d'une rencontre. C'était d'ailleurs un des marqueurs de son jeu : prendre d'entrée ses adversaires à la gorge et annihiler ainsi tout espoir de victoire.

Baghdatís tient bon dans le second set, mais craque à la fin et perd son engagement. 7-5, 5-7, balle au centre. Ou plutôt balle à Federer, qui remporte les deux sets suivants et gagne la rencontre, le tournoi et le respect de ses pairs. Après l'épisode Safin 2005, Federer retrouve la coupe chère à Rod Laver.

Le reste de sa saison est parsemé de succès épars. Il lutte bravement contre Nadal, est à deux doigts de le battre à Rome lors d'une somptueuse finale, et échoue à nouveau à Roland-Garros. Il rencontre pour la première fois Nadal à Wimbledon en finale, et le bat assez facilement en quatre sets. Sur les dix-sept tournois qu'il dispute, il en remporte douze, perd quatre finales contre Nadal et un deuxième tour contre Murray à Toronto. Son bilan en fin de saison inspire le respect : 92 victoires pour 5 défaites. Aucun joueur n'avait autant gagné en une saison. Federer atteint un extremum, la courbe ne peut que redescendre. Sa saison 2007 traduit d'ailleurs bien cette inflexion.

La stagnation

L'année 2007 de Federer est assez particulière. Sur les grands tournois, Federer fait aussi bien qu'auparavant. Sous ce rapport, son bilan en fin de saison est honorable : trois Grands Chelems gagnés sur quatre, quelques Masters Series, le Masters en fin d'année, on est là dans ses standards. À Roland-Garros, en finale contre Nadal, il fait un meilleur match que l'année d'avant, même si le résultat final est le même. C'est un bon Federer, et pourtant, une petite musique de fin de règne semble résonner en arrière-fond.

Elle résonne à cause d'un bilan en fin d'année moins brillant : 70 victoires « seulement », 9 défaites surtout. Certes, la comparaison avec 2006 est mal venue, tant cette dernière saison était extraordinaire. Mais même en prenant comme référence 2004 ou 2005, il y a quelque chose de changé. Federer a beaucoup trop perdu par rapport à ses standards pour ne pas laisser entrevoir une fin de cycle.

Après les Masters qu'il dispute et gagne en novembre, il dispose d'environ six semaines pour se reposer et préparer la saison nouvelle. En décembre, hors de portée des feux médiatiques, il tombe malade. De quoi souffre-t-il exactement, les médecins ne savent le dire de suite. Après examens, ils diagnostiquent une intoxication alimentaire. Simple intoxication alimentaire, vraiment ? On le pense avant que l'année 2008 ne vienne percer l'énorme voile de fragilité qui l'enveloppe.

CHAPITRE 3 : LA CHUTE DU ROI

« J'ai créé une chimère. En fait, je sais que je dois toujours gagner. […] En gagnant chaque semaine, les gens disent que je suis mauvais si je perds un set ! Donc, tout est de ma faute je suppose ».

La déclaration, lâchée un soir de défaite en demi-finale de l'Open d'Australie 2008, restera comme l'une des plus célèbres de Federer. Elle traduit à elle seule toute la réalité de ce qu'avait été sa carrière et de ce qui allait en advenir. La félicité avait duré quatre années, mais c'était la félicité. Dans un univers tennistique normalement constitué, jouer de cette manière-là, gagner à ce point-là n'aurait jamais été possible. Rappelé à sa condition humaine par la maladie et les prétentions de ses adversaires, Federer reconnaissait qu'il allait devoir composer avec des réalités plus prosaïques.

L'année 2008 voit ainsi des pans entiers de sa légende s'effilocher : son jeu, la moyenne de titres gagnés par an, ses principaux records, sa place de numéro un mondial, son invincibilité à Wimbledon. Federer devient vulnérable, sujet aux mêmes faiblesses que le commun des mortels. Mais 2008 n'est pas l'année de tous les renoncements. Sans doute par contraste avec tout ce qu'il a perdu, Federer y éprouve aussi les émotions les plus fortes de sa carrière, notamment à Pékin où il remporte le tournoi olympique du double en compagnie de Stanislas Wawrinka. Déterminante dans la carrière de Roger, cette année 2008 méritait bien un chapitre à elle seule.

Une fragilité mise à nue

Les premiers signes de fébrilité apparaissent à l'Open d'Australie. Alors qu'il en est le tenant du titre, Federer perd sa demi-finale en trois sets face au plaisantin du circuit Novak Djokovic. La défaite est parlante à plus d'un titre. Tout d'abord, elle met fin au record de dix finales consécutives de Grand Chelem que Federer tenait depuis sa défaite contre Nadal à Paris en 2005. Le voir perdre aussi tôt (on parle quand même d'une demi-finale !) dans un tournoi était devenu inhabituel. En plus, elle témoignait d'une faille dans son armure que ses adversaires n'hésiteraient pas à exploiter.

Peu après sa défaite contre Novak, Federer apprend que ce qui lui avait été diagnostiqué comme une simple intoxication alimentaire était en réalité une mononucléose, maladie terrible qui, les médecins vous le diront, vous plonge dans un état d'affaiblissement physique plus ou moins long. Si l'affection physique est réelle, elle cache un mal plus profond, la perte du halo d'invincibilité, que Federer n'a d'ailleurs pas le temps de constater. Ayant pris quelques jours pour se soigner, il ne réapparaît qu'au début du mois de mars, à l'occasion du tournoi de Dubaï.

Au premier tour, il échoue en trois sets (7-6(6), 3-6, 4-6) face à un Andy Murray solide sur la ligne de fond et excellent au service. Federer, au lieu de se remettre en question, critique ouvertement l'Ecossais. « *Ce n'est pas que je sois déçu, mais je pensais que son jeu aurait changé d'une manière ou d'une autre. Je ne pense pas qu'il ait évolué depuis que je l'ai affronté à Bangkok* », dit-il notamment à l'issue de la rencontre. Il rajoute qu'avec ce jeu-là, Murray ne gagnerait jamais un Grand Chelem. L'Écossais ne fait pas enfler la polémique et explique simplement qu'il adapte son jeu au joueur qu'il a en face de lui. Il n'adopterait pas la même tactique face à un Nadal par exemple.

Les propos de Federer, pour le moins malvenus, témoignent d'une frustration et d'un refus de prendre conscience qu'il n'est plus imbattable. Il l'avait pourtant reconnu trois semaines plus tôt, avec ses propos sur la chimère. Mais au lieu de se remettre en question, le champion à l'orgueil blessé réagit comme un écolier puéril qu'on aurait délogé de son statut de premier de classe. Même s'il n'a pas tort sur le fond, la façon de justifier sa défaite et les circonstances dans lesquelles il l'a fait sont pitoyables. Djokovic, son bourreau en Australie, ira même jusqu'à parler de jalousie de la part du Suisse.

La semaine qui suit, Federer perd encore, sans gloire, contre l'américain Mardy Fish aux Masters Series d'Indian Wells. Il remporte bien le tournoi d'Estoril le mois suivant, mais il le fait face à un Davydenko diminué physiquement et contraint à abandonner au deuxième set. À l'approche de Roland-Garros se posent donc des questions légitimes sur son état de forme.

C'est Christian Despont qui écrit, à mon sens, le papier le plus pertinent sur la question (je vous en conseille vivement la lecture !). Dans un article intitulé « Federer, le voile de la fragilité », le journaliste s'interroge sur les raisons de ce moins bien : Federer est-il [toujours] malade ? Est-il père ? Est-il démotivé ? Est-il démystifié ? Est-il fragilisé ? L'article est brillant d'un point de vue stylistique, mais le texte pose plus de questions qu'il n'apporte de réponses. Despont ne reste pas longtemps sans réponse. Roland-Garros puis Wimbledon projetteront un éclairage conséquent sur l'état réel du Suisse.

Le calvaire

À Paris, commence-t-on à se dire, c'est toujours la même chose depuis trois ans : le tournoi se conclut invariablement par un Nadal – Federer en finale. Le classique s'institue et il est loin de lasser les spectateurs. L'un deux, camouflé dans les gradins, peintre de sa fonction, s'essaie à un instantané des deux joueurs en plein échange. Ses coups de crayons sont précis, nets, incisifs, et l'image qui en résulte est admirable. Ce qu'en revanche il n'a pas le temps de croquer, c'est la catastrophe qui est en train de se produire.

Et la catastrophe, elle se nomme Federer. La débâcle commence dès le premier set, que le Suisse perd sur un cinglant 6-1. À ce moment-là, tout le monde se dit que ce n'est qu'un retard à l'allumage, que l'Helvète va forcément se réveiller dans la deuxième manche. Un 6-1 au premier set, n'était-ce pas d'ailleurs ce qu'il avait lui-même infligé à Nadal lors de la finale 2006, quand l'Espagnol avait pris le même score au premier set avant de se réveiller ? Le début du second set semble confirmer la thèse de l'accident. Jusqu'à 3 -3, les deux hommes se tiennent. Puis lentement, Federer plie, tente de sauver ce qu'il peut jusqu'à ce que l'inéluctable arrive : break de Nadal. L'Espagnol prend les devants et insiste dans ce schéma tactique qui lui a toujours réussi face à Federer, ce jeu fait de coups liftés et bombés sur le revers du Suisse. Neuf fois sur dix, il reproduit le même enchaînement face à Federer et, le gain du deuxième set en témoigne, ça marche. La troisième manche tourne au vinaigre. Impuissant, Federer renvoie, renvoie, et renvoie encore, espérant vainement donner l'illusion d'un combat à ce qui est en réalité une démolition en règle. Mais ceux qui suivent le match ne tombent pas dans la supercherie. Ils le devinent et l'entrevoient, avec un tel Nadal, Roger Federer ne gagnera pas ce match et sans doute jamais Roland-Garros. Lorsqu'il se prend une roue de bicyclette dans le troisième set (il le perd 6-0), Federer n'est presque pas déçu, tant il a été inexistant au cours de cette rencontre. En conférence de presse, il reconnaît la supériorité de son adversaire et clame son désir d'oublier rapidement ce match, de se tourner vers la saison sur gazon qui démarre le lendemain.

Que Federer soit défait par Nadal sur terre battue n'a rien d'extraordinaire en soi. Qu'il le soit de manière aussi sévère est surprenant, mais ce n'était pas inenvisageable. Sur gazon par contre, les choses sont différentes. Federer est à l'herbe ce que Nadal est à la terre battue. C'est sur la surface verte qu'il a construit sa légende. Il y reste sur une série de plus de cinquante victoires d'affilée. Il avait certes disputé une finale difficile contre Nadal à Wimbledon en 2007, mais il s'en était quand même sorti grâce à sa science du tie-break et à l'écroulement de son adversaire au cinquième set. Les faits et les chiffres étaient en sa faveur : rien ne l'empêcherait de décrocher une sixième couronne consécutive à Wimbledon, le temple du tennis, son temple à lui.

Dans son livre intitulé *Rafa*, sorti en 2011, Nadal démarre son témoignage en décrivant les circonstances qui entouraient cette fameuse finale. Il explique à quel point ce match l'obsédait. Il témoigne de sa furieuse envie de battre Federer et de laver la déconfiture de la finale 2007. La défaite de 2006 lui avait fait mal, mais il se savait inférieur. Celle de 2007 avait été plus dure à avaler. Il s'était juré de ne pas rater sa troisième occasion car, pensait-il, une telle opportunité ne se représenterait plus.

Cette finale atteignit des sommets. D'aucuns n'hésitent pas à la classer comme plus grand match de tennis de tous les temps. Deux sets durant, Federer fut bousculé, débordé, dépassé. Nadal joue admirablement bien et remporte les deux premières manches 6-4, 6-4. Federer ne s'était jamais retrouvé dans une situation aussi inconfortable en finale. Alors, comme pour rajouter un supplément de dramaturgie à ce moment légendaire, la pluie est arrivée. Elle causa plusieurs interruptions, qui permettaient à Federer de revenir à chaque fois sur le court avec des intentions plus claires. Au troisième set, les deux joueurs vont jusqu'au tie-break, et se rendent coup pour coup. Federer l'emporte finalement, après s'être fait une frayeur notamment quand l'arbitre demande de rejouer la balle de set. La quatrième manche ressemble à la troisième. Aucun des deux joueurs ne perd son service, et c'est à nouveau un tie-break qui vient les départager. Ce tie-break est monumental. Federer sauve deux fois des balles de match, et remporte finalement le jeu décisif 10-8. Au cinquième set, le scénario des deux dernières manches se répète. Mais il n'y a pas de tie-break au cinquième set à Wimbledon. C'est à qui prendra deux jeux d'avance sur l'adversaire que reviendra la victoire. Et à ce jeu, c'est Federer qui craque en premier, quand il cède son service à 7-7. Quelques minutes plus tard, dans la pénombre londonienne, sur un coup droit mal ajusté de son adversaire, Nadal remporte le set, le match, et le tournoi. « *C'est le pire des adversaires, sur le meilleur des courts* », déclarera Federer plus tard. Il a tout compris : une arène prestigieuse, un adversaire de qualité, les éléments qui s'y mêlent, une épique défaite, voilà ce qui fait un instant de légende.

Federer arrive en conférence de presse en traînant les pieds et après avoir abondamment pleuré. Il est littéralement dégoûté. « *C'est la défaite la plus dure de ma carrière. Peut-être pensez-vous que j'ai disputé une bonne finale, que je devrais être content, mais moi, je n'éprouve aucune satisfaction; rien, zéro. C'est fini et puis c'est tout* ». Tels sont ses propos. Il se moque de savoir s'il a été acteur d'un moment d'anthologie. « *L'histoire est écrite par ceux qui gagnent* », disait Brasillach. Ce moment d'anthologie lui est étranger, il n'en est pas sorti victorieux. La chimère est morte, vive le taureau de Manacor ! Et quand on lui demande si cette défaite ne fragilise pas son statut de numéro un, il répond, indisposé à toute réflexion profonde : « *Écrivez ce que vous voulez* [...] *Moi, je vais essayer de gagner les Jeux olympiques et l'US Open* ». Voilà, c'est dit. Ce sont les seuls grands tournois qui lui restent à disputer dans l'année et qui peuvent redorer une parure de champion sérieusement flétrie.

Un peu de rachat

Aux Jeux Olympiques de Pékin, les choses ne se passent pas beaucoup mieux. En quart de finale, Federer est éliminé en deux sets 6-4, 7-5 par James Blake, le chauve américain au bandana jaune. Après cette nouvelle débâcle, il se dit que s'il doit remporter quelque chose aux JO, ça ne pourra être que dans quatre ans, à Londres. Ça lui paraît très loin. Il aura alors 31 ans. Rien ne dit qu'il sera en forme à ce moment-là. S'il veut toujours réaliser ses rêves d'or olympique, il ne lui reste plus qu'une chose : tout donner dans le tournoi de double, dans lequel il a eu l'intelligence de s'inscrire en compagnie de son partenaire Stanislas Wawrinka.

Jusqu'en quart de finale, tout se passe sans grand accroc. Mais en demi-finale, Federer et Wawrinka doivent affronter la paire Bryan, championne olympique en titre et sans doute ce qui se fait de mieux en double. Pour de nombreux observateurs, le parcours des deux Suisses va s'arrêter là, c'est certain. Federer a déjà remporté des tournois en double, mais ça fait une éternité qu'il n'en dispute plus, préférant privilégier sa carrière en simple.

Et pourtant, et pourtant. En deux sets gagnants, Federer et Wawrinka parviennent à battre la paire américaine et à rallier la finale. Les deux Suisses sont assurés de terminer avec une médaille. D'or ou d'argent. Évidemment, ils espèrent que ce sera l'or. Et c'est le métal jaune qui tombe dans leur escarcelle, un certain soir d'août, après une victoire en quatre sets face au duo suédois Aspelin-Johansson. Federer obtient enfin l'or, mais en double. Qu'importe, il a une médaille olympique, et c'est tout ce qui compte. Pour manifester leur joie, Federer et Wawrinka répètent le fameux geste des demi-finales. Stan s'allonge à terre tandis que Federer joue le docteur. Les deux s'étreignent longuement tout en pleurant de joie.

À l'issue du tournoi olympique, Federer cède sa place de

numéro un à Nadal. Il l'occupait depuis 237 semaines consécutives, un record évidemment.

Sur sa lancée victorieuse, il remporte l'US Open, où il se défait d'Andy Murray en finale. Il gagne ensuite à Bâle, et même s'il ne décroche pas les Masters, sa fin d'année est beaucoup plus digne de son statut et atténue les critiques de ses détracteurs.

Sans conteste, 2008 est une année pivot dans la carrière de Roger. Tel un endeuillé, Federer a commencé par nier l'évidence, mais ce déni n'a pas tenu longtemps face à l'accumulation de ses débâcles. Il a pleuré, beaucoup pleuré, ne comprenant pas comment sa domination avait pu être autant contestée. Mais il a fini par se relever... un peu. Sa bonne fin de saison tempère sept premiers mois chaotiques, mais sa vacance du pouvoir a permis aux jeunes loups de s'installer dans la bergerie. Dans ce nouvel environnement hostile, combien de temps tiendrait-t-il encore ?

CHAPITRE 4 : FULGURANCES ALÉATOIRES

Quand débute l'année 2009, tous se demandent sur quel pied Federer allait-il danser. Surferait-il sur ses victoires à Pékin, New-York et Bâle, ou tomberait-il à nouveau dans ses travers du début d'année 2008 ? À partir de ce moment-là, et dans toute la suite de sa carrière, Federer donne une double réponse à cette question. Par instants, plus ou moins fugaces, il redevient le génie qu'il fut entre 2004 et 2007. Mais au cours de cette même période, on retrouve aussi cet autre Federer, ce joueur énervant qui foire tout, qui boise ses revers comme un junior, qui stresse dès qu'il est sous pression. Ses adversaires le remarquent et tentent de plus en plus de choses, croient de plus en plus en leurs chances. Federer tombe de plus en plus, les défaites se normalisent. Ses fulgurances, insuffisantes, ne servent plus qu'à rappeler le joueur qu'il fut par le passé. « *Il faut connaître l'amour non pas pour le vivre, mais pour l'avoir vécu, car le bonheur de l'amour s'en va, mais le souvenir de ce bonheur reste* », aurait dit un auteur français. Dans cette nouvelle phase de sa carrière, l'essence des actes de Roger consiste à rappeler, à doses homéopathiques, le glorieux joueur qu'il fut.

Si Federer n'est plus aussi souverain, c'est aussi parce ses priorités évoluent. Son mariage avec Mirka, la naissance de ses enfants et la relative distance qu'il prend par rapport à ses défaites retire au tennis l'exclusive qu'il avait dans sa vie. La première place dans le cœur de Roger, le tennis la partage désormais avec d'autres. C'est un autre Federer, mélange des deux précédents, qu'on découvre dans cette nouvelle tranche de sa carrière.

Des doutes qui s'accentuent

Le début de saison 2009 commence plutôt mal pour Roger, lorsqu'il perd face à Nadal en finale de l'Open d'Australie. La défaite, en soi, n'est pas ce qui lui pose le plus de problèmes : Nadal a déjà battu Federer sur gazon, le jeu de l'Espagnol le gêne, et au vu l'uniformisation des surfaces, il y avait fort à parier qu'il s'imposerait un jour face à Federer sur le Plexicushion australien. Ce qui est étonnant, ce sont les larmes de Federer suite à cette défaite. Pour la première fois depuis que Roger est au summum, il pleure au moment de la remise des trophées. Même à Wimbledon en 2008, il avait attendu d'être dans l'intimité de sa loge avant de pleurer. Pensait-il qu'avec un tel Nadal, il ne gagnerait plus jamais un Grand Chelem ? Voyait-il en Rod Laver, venu remettre les trophées, le « réalisateur » de Grand Chelem qu'il ne serait jamais ?

Le moment le plus touchant fut cette fameuse interview

d'après-match où, invité à s'exprimer, Federer est incapable de dire quoi que ce soit, tant il est submergé de chagrin. Nadal essaie de le réconforter, mais Federer est inconsolable. Le speaker invite alors Nadal à s'exprimer, puisque son adversaire du jour ne le peut. Refusant de bouleverser le protocole, Federer retrouve subitement ses moyens et sa dignité. « *I don't want to take the last word. This guy deserves it* », déclare-t-il en séchant ses larmes. Après avoir dit ce qu'il avait sur le cœur, il retourne à sa place, et Nadal conclut l'interview presque désolé d'avoir battu son rival préféré.

Si Nadal accroît son emprise sur Federer, allant jusqu'à le priver de « sa » place de numéro un mondial, le Suisse reste en pole position pour ce qui est des records glanés et des titres majeurs remportés. À ce moment de la saison, il en est à treize tournois du Grand Chelem remportés. Il n'est qu'à une unité du record de Pete Sampras. Mais tout comme l'américain, il n'a jamais gagné Roland-Garros. Pour beaucoup, Federer est déjà l'un des meilleurs joueurs de tous les temps, mais pour occuper la tête de ce classement subjectif et symbolique, il lui faut soit égaler

Sampras dans le nombre des tournois majeurs, soit remporter Roland-Garros.

Le meilleur joueur de tous les temps ?

Si le jeu et le palmarès de Roger forcent l'admiration, il lui reste encore des choses à accomplir pour être considéré comme le plus grand. Il ne possède pas – et ne possèdera sans doute jamais – le record du nombre de titres glanés au cours d'une carrière, les 109 de Jimmy Connors. Il n'a jamais réalisé le Grand Chelem, c'est-à-dire remporter les quatre tournois du Grand Chelem (Open d'Australie, Roland-Garros, Wimbledon et l'US Open) de manière consécutive, à l'instar d'un Rod Laver chez les hommes (1969) ou d'une Steffi Graf (1988) chez les dames. Surtout, il n'a gagné que trois de ces quatre tournois majeurs, Roland-Garros manquant toujours à son palmarès.

En arrivant à Paris, où le sort lui donne l'occasion de réaliser un double record, rien, mais alors rien ne laisse présager qu'il pourrait remporter le tournoi. Son principal adversaire, Rafael Nadal, est intouchable sur cette surface depuis près de quatre ans. Par ailleurs, Federer reste sur quatre défaites consécutives face à l'Espagnol à Roland-Garros. Le numéro un incontesté et incontestable, c'est bien Nadal, encore plus sur terre battue.

Mais ce Roland-Garros s'avère être celui de toutes les surprises. Très tôt dans le tournoi, les favoris tombent un à un comme des mouches. Djokovic s'arrête au troisième tour face à Philipp Kohlschreiber. Nadal l'invincible, celui-là même qui cumule 81 victoires d'affilée sur terre battue, dispute en huitièmes de finale un âpre combat contre Robin Söderling, l'amer du Nord de son surnom. Le Suédois n'est pas un fan de Nadal et l'a déjà démontré par le passé. Ce jour-là, son service et son coup droit détonnent. Ces deux armes lui permettent de mener face à Nadal deux sets à un. Si l'Espagnol ne veut pas perdre la rencontre, il faut absolument qu'il remporte les deux manches suivantes. Rendez-vous compte : Nadal n'avait jamais disputé de match en cinq sets à Roland-Garros. Il n'en aura pas besoin. Quatre manches suffisent à Söderling pour réaliser l'exploit de la quinzaine, l'exploit de la décennie, l'exploit d'une carrière.

Federer apprend la nouvelle et ça le déstabilise. Alors qu'il commençait à s'habituer à son statut d'outsider à Roland-Garros, le voilà, suite à la défaite de ses concurrents directs, dans la peau du favori. C'est l'année ou jamais ! Quel qu'ait été ses sentiments à ce moment-là, une chose est sûre et elle se manifeste dans son attitude : la défaite de Nadal lui a fait perdre ses repères. Preuve de cette perte de contrôle : en huitièmes de finale, il réalise un match calamiteux contre l'allemand Tommy Haas. Deux sets durant, il subit la loi de l'Allemand et perd ces deux manches au tie-break. Le troisième set semble aller dans la même direction que les deux premiers. L'Allemand pousse Federer dans ses retranchements, le breake même au septième jeu. Federer s'accroche et, pour la première fois depuis le début de la partie, débreake Haas. D'un poing rageur, il se libère et remporte au cœur ce troisième set. Il déroule lors des deux manches suivantes et remporte le match en cinq sets.

En quart de finale, le quatrième larron, Andy Murray, perd face à Fernando Gonzales. De son côté, Federer sort vainqueur du combat qui l'oppose à Gaël Monfils avant de se défaire de l'Argentin Juan Martin del Potro en demi-finale. En finale, il retrouve Robin Söderling, celui-là même qui avait fait tomber Nadal.

Cette finale ne fut pas la meilleure rencontre de la quinzaine. On y sentit un Söderling battant, mais timoré. La seule manche où il fit illusion fut la deuxième, que Federer remporta finalement au tie-break. À l'entame du dernier jeu de la partie. Federer laissa transparaître une émotion palpable. D'ailleurs, dira-t-il à l'issue de la rencontre, « *j'avais envie qu'il [Söderling] fasse quatre fautes* ». Rien que ça ! Mais la victoire, ce n'est pas Söderling qui la lui a offerte, c'est Federer qui est allé la chercher.

La ramasser même, ai-je envie de dire. Car, lors de ce fameux dernier point, aussitôt qu'il comprend qu'il l'a fait, Federer s'écroule et laisse instinctivement échapper des larmes. Les sanglots de tristesse lâchés quatre mois plus tôt en Australie s'étaient transformés en larmes de joie. Il l'avait fait ! Federer avait enfin remporté Roland-Garros et égalé Sampras en nombre de titres du Grand Chelem. Ce jour-là, il est devenu, d'un point de vue statistique sur les grands tournois, le plus grand joueur de tennis de tous les temps.

Mais la fête n'aurait pas été complète sans la reconquête de Wimbledon. L'année d'avant, il avait perdu ce Grand Chelem à l'issue d'un match mémorable face à Nadal. En 2009, il atteint de nouveau la finale du tournoi, où il retrouve Andy Roddick. L'Américain est un joueur qu'au fond, Federer doit bien aimer. Bien aimer parce que c'est l'un des rivaux qu'il a le plus battus, c'est un joueur de sa génération (Roddick est né en 1982 tandis que Federer est né en 1981) et tout simplement parce que c'est quelqu'un avec qui il s'entend plutôt bien. Je me souviens d'ailleurs d'une déclaration de Federer, un jour, où il disait que ça lui faisait du bien de temps en temps de jouer des gens de sa génération.

Cette finale fut sans doute la plus difficile que Federer ait gagnée à Londres. Elle n'avait rien à voir avec la finale de 2005 contre le même Roddick où, alors qu'il était bousculé par l'Américain, Federer avait pu compter sur les éléments naturels. Lors de cette finale 2009, Roddick ne lâche pas une seule fois son service. Sa survie dans ce match, Federer ne la doit qu'aux deux tie-breaks qu'il négocie parfaitement au premier et troisième set. Lors de la dernière manche, les deux protagonistes gagnent chacun leur engagement jusqu'à ce que Roddick craque. Pour la première et seule fois de la partie, Andy Roddick perd son service et par conséquent le match. Federer, pour sa 7ème finale consécutive à Wimbledon, remporte son 6ème titre. Il compte désormais quinze titres du Grand Chelem. Il réalise en outre le doublé Roland-Garros - Wimbledon, que Nadal avait accompli l'année d'avant. Federer à nouveau victorieux sur les terres de ses premiers exploits, voilà qui le remet sur le devant de la scène. Comme s'il voulait prouver que 2008 était un accident. Comme s'il cherchait à faire comprendre aux derniers sceptiques que le titre de « meilleur joueur de tous les temps » n'était peut-être pas excessif.

Pour confirmer ce retour au premier plan, Federer a l'obligation de s'imposer à l'US Open. Contrairement aux autres majeurs, où il a perdu ses couronnes en 2008, il demeure encore tenant du titre à New-York. Quand il arrive en finale face à Del Potro, personne n'ose imaginer qu'il flanchera. Il a gagné les cinq dernières éditions, et il en est le grand favori. Mais c'était sans compter sur la Tour de Tandil. Del Potro, après avoir fait douter Federer à Roland-Garros, n'a plus de craintes face au Maître. Federer commence pourtant bien cette rencontre, mais il se disperse et laisse échapper la victoire lors du dernier set. Alors qu'il avait toutes les chances de réaliser le triplé Roland-Garros - Wimbledon - US Open, Federer laisse passer l'occasion de s'inscrire un peu plus dans l'Histoire et permet à Del Potro de remporter son premier titre du Grand Chelem. La victoire de l'Argentin est un mini-événement en soi, car pour la première fois depuis Safin en 2005, un joueur extérieur au Big Four remporte un tournoi du Grand Chelem. Federer est déçu, mais il ne peut s'en prendre qu'à lui-même. S'il y avait mis un peu plus d'assiduité, il aurait facilement remporté cette finale.

En dépit de ses succès probants à Paris et à Londres, l'année 2009 de Federer est, pour tout amateur de record, un gâchis. Disputer les quatre finales de Grand Chelem, en gagner deux, et perdre les deux autres en cinq sets alors qu'il en était autant (sinon plus) le favori que son adversaire, c'est vraiment passer à côté du coche. Mais une épopée sans défaillance ne serait pas une épopée. « *Il n'est point de légende et, plus difficilement encore, de champion attachant dans le monologue.* », disait Christian Despont. Ces défaites remarquables, ces records manqués de peu, c'est aussi ça qui construit une légende.

La légende s'effiloche

L'année 2010 est moins faste que 2009 pour Federer. Certes, il gagne à nouveau un Grand Chelem (Open d'Australie) en début de saison, mais le record qu'il perd quatre mois plus tard égratigne un peu plus sa légende.

Battre des records a toujours été l'un des marqueurs de sa carrière. À certains moments, on avait même l'impression – il le reconnaissait – qu'il ne jouait plus contre sa génération mais contre l'histoire du tennis. Des records, il en avait battus à la pelle. Il avait été numéro un mondial pendant 237 semaines consécutives, loin devant la précédente marque de Sampras (102). Il avait remporté 16 titres du Grand Chelem, autre performance ahurissante. Mais un autre record trônait au-dessus de tous ceux-là : celui du nombre de demi-finales consécutives dans les tournois du Grand Chelem. Jusqu'à ce Roland-Garros 2010, Federer en était à 23 demi-finales consécutives disputées. Rendez-vous compte : 23 demi-finales consécutives dans les tournois les plus importants et les plus difficiles de l'année ! Ça fait quasiment six ans au plus haut niveau ! Ce record était, à mes yeux, le plus exceptionnel de tous. Celui qui interdisait qu'on parle de déclin.

Quand Federer perdit en quart de finale de ce Roland-Garros 2010 contre Söderling, celui-là même contre qui il avait remporté son 14ème Grand Chelem à Roland-Garros, je compris qu'on était définitivement passé dans l'ère post-Federer, ou du moins dans une ère de co-domination, comme lorsque Gilgamesh fut obligé de s'allier avec Enkidu.

L'ère post-Federer correspondit dans un premier temps à l'ère Djokovic. Depuis qu'il avait fait son entrée dans la cour des grands, quand il avait remporté l'Open d'Australie 2008 face à Tsonga, le Serbe n'avait pas arrêté de progresser. Il ne s'était pas départi de son humour et de ses imitations maladroites, mais il avait drapé sa légèreté d'abnégation et de travail, et cela avait fini par payer. L'année 2011 fut d'ailleurs l'une de ses meilleures saisons. Dès les premiers mois, il rafle tout. Mais vraiment tout. Sur terre battue, que ce soit à Monte-Carlo ou à Rome, il bat à chaque fois Nadal en finale, pourtant maître du tournoi et de la surface. Quand donc arrive Roland-Garros, où Nadal a l'habitude d'être favori et où il a remporté cinq des six dernières éditions, les *bookmakers* ont des doutes. Au vu de la forme éblouissante du Serbe, y avait-il des chances que Nadal soit enfin détrôné ?

En retrait par rapport à la nouvelle rivalité Nadal-Djokovic, Federer se contente d'observer. Le tirage au sort de Roland-Garros le place dans la même partie de tableau que le Serbe. Les deux pourraient se retrouver en demi-finales. En quart de finale, l'adversaire de Djokovic déclare forfait tandis que celui de Federer lui mène la vie dure. Alors que Federer doit affronter un joueur coriace, le Serbe bénéficie de trois jours de repos. Autant dire que ses chances de battre Federer se décuplent. Et pourtant…

Federer sait qu'il n'aura pas droit à une partie de plaisir. Il sait que le Serbe est en lice pour battre un de ses records. Il sait que s'il arrive en finale, Djokovic serait capable de battre Nadal et de remporter Roland-Garros, tournoi qui, depuis 2005, est la chasse gardée de l'Espagnol et lui-même. Il sait que, parti comme ça, rien n'empêcherait le Serbe de réaliser le Grand Chelem. Alors ce jour-là, Federer sort l'artillerie lourde. Du grand Roger tel qu'on n'en avait plus vu depuis longtemps et tel qu'on n'en verra probablement plus.

Ce match est sans nul doute celui qui m'a le plus mis en extase. À la base, je n'avais même pas envie de le regarder, sachant la difficulté qui attendait Roger. Les statistiques étaient en faveur de Djokovic. Il restait sur une série de 41 victoires consécutives. Toute la presse sportive parlait de l'inévitable Djoko-Slam, tout comme elle avait parlé du Rafa-Slam l'année d'avant. Federer, de passage chez Laurent Luyat sur France 2 avant cette rencontre, avouait être plus impressionné par la série de 41 victoires que par la perspective d'un Grand Chelem. Mais il ne pouvait pas permettre au joker de devenir une légende. Gagner des tournois du Grand Chelem, devenir numéro un mondial, pourquoi pas ? Entrer dans la légende, pas question !

Ce match, pour moi, ne devait durer que quatre minutes, le temps de suivre les premiers échanges, puis d'aller vaquer à d'autres occupations. Je suis resté quatre heures devant mon téléviseur. Quatre heures à suivre ce combat titanesque, ce premier set dantesque, ces volées à n'en plus finir. Quatre heures à savourer un tennis de rêve, joué à vitesse supersonique. Et au bout de ces quatre heures, voir Federer venir à bout de l'invincible Djokovic et de stopper sa série de victoires à 41. Dans son interview d'après-match, Federer rappelle non sans raison qu'il venait d'offrir un beau cadeau d'anniversaire à Nadal en ôtant Djokovic de ses pattes. Nadal restait sur quatre finales perdues contre le Serbe, et affronter Federer en finale le rassurerait beaucoup plus qu'affronter Djokovic.

Ce match, dont je ne me lasse pas de regarder les images, est symbolique de ce qui a fait la force de Federer durant des années. Il y a d'abord ce jeu d'attaque que le Suisse a cherché à appliquer avec sérieux. Il y a aussi cet orgueil de champion. On ne peut refaire l'histoire, mais je reste persuadé que si Djokovic n'était pas près de faire tomber un record aussi majeur, Federer aurait perdu ce match. La suite de la saison lui a d'ailleurs donné raison. Djoko a raflé tous les autres Grand Chelem et a été le numéro un incontesté et incontestable cette année-là.

Comparé à ce qu'il avait l'habitude d'offrir les dernières années, Federer réalise une fin de saison très honorable, remportant coup sur coup Bâle, Bercy et les Masters, allant jusqu'à se rapprocher d'une place de numéro un mondial qu'il n'avait plus approché d'aussi près depuis deux ans.

Circuit et règlements

En 2012, si Federer est contesté sur les courts, des joueurs ne se privant de s'offrir son scalp, il l'est également en-dehors. L'année commence d'ailleurs de façon assez étonnante par un débat qui divise le circuit professionnel masculin et met en lumière, peut-être pour la première fois, des désaccords entre Rafael Nadal et Roger Federer. La brouille surgit peu avant le début de l'Open d'Australie et se perpétue tout au long du tournoi. Puisque l'ATP élit un nouveau président, les joueurs en profitent pour faire valoir certaines revendications. Le débat est un tout petit peu technique, mais en gros, il est question d'étaler le classement sur deux ans et non plus sur un seul, comme ça avait toujours été le cas. Les joueurs estiment que cela les favoriserait. Il se dit même qu'ils menacent de faire grève si on n'accédait pas à leur revendication.

Roger Federer, à ce moment-là, est président du conseil des joueurs tandis que Nadal en est le vice-président. Le débat, houleux en interne, sort dans la presse. L'Espagnol serait plutôt favorable à cette modification, tandis que Federer serait plus réservé, en tout cas dit-il, « *dans la manière de faire valoir cette revendication* ». Interrogé en conférence de presse quant au point de vue du Suisse sur la question, Nadal, qui répond en anglais dans un premier temps, botte en touche. Lorsqu'il s'adresse à un journaliste espagnol et que celui-ci lui repose la question dans sa langue maternelle, il se lâche un petit peu plus. « *C'est facile pour Federer de se la jouer cool, tandis que d'autres joueurs se font griller* », déclare-t-il sans vraiment réfléchir à ce qu'il dit. Erreur de communication monumentale. La presse s'empare de la pseudo-affaire, évoque « un clash » entre Nadal et Federer, alors que les deux joueurs avaient jusque-là fait preuve d'une parfaite cordialité dans leurs rapports personnels.

Pris à parti, Federer est obligé de réagir. C'est d'ailleurs ce à quoi l'invitent les médias lors de la conférence de presse suivant sa victoire au premier tour. Au cours de cette entrevue, il clarifie sa pensée et s'efforce d'étouffer toute idée de discorde entre lui et Nadal. Il explique simplement vouloir agir dans l'intérêt des joueurs, à qui un classement sur deux ans ne serait pas forcément favorable. Il réaffirme à nouveau que sa relation avec Nadal est intacte, même s'il reconnaît pour la première fois des divergences d'opinion.

Federer reçoit des coups, mais il en donne aussi. À l'issue de cet Open d'Australie, où Federer s'est arrêté comme trop souvent en demi-finale, la Suisse doit disputer un premier tour crucial contre les Etats-Unis en Coupe Davis. Les USA ne sont plus la *Dream Team* du début des années 90', mais ce n'est pas non plus une équipe de bras cassés. Federer le constate très vite, puisqu'il perd son premier match en quatre sets face à John Isner. Stan perd également son simple et quand les deux compères sont associés en double le lendemain, les frères Bryan leur font mordre la poussière et les éliminent de la compétition. Invité à fournir une analyse de cette défaite en conférence de presse, Federer reconnaît la supériorité de son adversaire, mais chose étrange, il en profite pour charger son pote Stan. « *Moi j'ai fait un assez bon double, mais Stanislas pas tant* », affirme-t-il avec beaucoup de détachement. Propos étonnants quand on sait qu'il a lui-même perdu son simple et quand on se rappelle que tous les deux avaient l'avantage de jouer à domicile et sur terre battue, des conditions qui, a priori, étaient moins favorables aux Américains.

La terre battue est le théâtre d'un nouveau vaudeville trois mois plus tard, à l'occasion du tournoi de Madrid. Le propriétaire du tournoi n'est autre que Ion Tiriac, ancien joueur de tennis jamais à court d'idées originales. Sûrement pour flatter les bonnes grâces de son sponsor *Mutua Madrileña*, il propose bien un tournoi sur terre battue, mais avec de la terre battue... bleue. Le rendu visuel est étrange, mais si ce n'est qu'une question de couleur, pourquoi pas ?

Seulement, ce n'est pas qu'une question de couleur. Très vite, les joueurs s'aperçoivent que la surface est plus glissante que d'habitude et déchantent les uns après les autres. Gaël Monfils confie qu'il a « *l'impression de jouer avec des patinettes* ». Gasquet, après sa défaite contre Federer, dit de ce match que « *c'était Joubert contre Candeloro* ». Nadal et Djokovic perdent également très tôt dans le tournoi et somment Ion Tiriac de restaurer de la vraie terre battue, sans quoi ils reconsidéreraient leur participation à ce tournoi. Tout le monde râle... sauf Federer. « *C'est difficile de jouer sur cette surface, c'est sûr, mais notre boulot chaque jour est de nous adapter à ce qu'on nous propose »,* répond-t-il en somme. En tout cas, lui il s'y adapte parfaitement, car il remporte le tournoi.

Après une longue disette de deux ans et demie, il retrouve Andy Murray pour une finale à Wimbledon. Pour la première fois depuis Fred Perry en 1936, un britannique arrive en finale du Grand Chelem londonien. Toutes les stars internationales sont présentes. La copine de Murray est très active dans les tribunes, haranguant son homme à chaque point crucial qu'il gagne. Mais elle n'a pas l'occasion de le faire longtemps, car Federer, sans pitié, ne laisse aucune chance à l'Écossais et remporte le match – et donc le tournoi – en quatre sets. Murray est tout en larmes. *« Je me disais que Federer était devenu papy, et que j'avais mes chances de gagner »,* pleure-t-il, sans jamais se défaire de son humour typiquement british.

Mais le sort veut que ces deux-là se retrouvent, deux mois plus tard en finale du tournoi olympique de tennis. Cette année-là, comme en 2004 à Athènes, les clignotants sont au vert pour Federer. Le tournoi olympique a lieu à Wimbledon, là où il a gagné cinq fois d'affilée, sept fois au total, et où il a été auréolé d'une nouvelle couronne il y a à peine quelques semaines. Quand il arrive en finale face au même Murray, on pense qu'il va n'en faire qu'une bouchée. Et pourtant, c'est de Federer que l'Écossais, supporté par tout un peuple, fait une bouchée. En trois petits sets, il lamine Roger, qui se contente donc de la médaille d'argent. Londres était peut-être la dernière occasion pour lui de remporter l'un des rares titres qui manquaient à son palmarès, mais il a encore loupé le coche. Décidément, quand ça ne veut pas, ça ne veut pas. La victoire à Wimbledon est la seule fulgurance de taille que Roger accomplit cette année-là. Quand il perd sa couronne aux Masters face à Djokovic, on se demande s'il n'est pas en train de céder les dernières clés de sa domination mondiale.

L'année catastrophe

Et c'est bien ce que confirme 2013, sans doute la saison la plus médiocre de Federer depuis qu'il est professionnel. Là où la mononucléose pouvait être invoquée en 2008, en 2013 aucune excuse ne vaut, hormis peut-être celle de ses douleurs récurrentes au dos. Federer perd de façon minable contre des adversaires loin, mais vraiment très loin de son niveau. La défaite contre Stakhovsky au deuxième tour de Wimbledon en est un exemple flagrant. Je ne saurais faire la liste de ses indignes défaites, tant elles sont légion. En plus de perdre de manière lamentable, il fait des erreurs de choix étonnantes, comme lorsqu'il décide d'aller rejouer sur terre battue à Hambourg et à Gstaad juste après Wimbledon, alors que la saison sur dur suit juste après.

Une de ses déclarations résume bien cette débâcle générale. Il la prononça en conférence de presse après sa défaite en huitièmes de finale de l'US Open contre Tommy Robredo. « *C'était juste nul* », avait-il dit. Il parlait de son match, mais ces propos valaient pour toute sa saison.

D'ailleurs, après cette défaite contre Robredo, la presse du monde entier lui adresse ses épitaphes. « Incapable de battre les plus grands », « déclin qui se confirme », les titres n'y vont pas de main morte. Les auteurs de ces articles pressent Federer de mettre fin au massacre, d'arrêter sa carrière avant qu'elle ne tourne au ridicule. Et ces critiques virulentes ne sont en rien gratuites. Tant dans le jeu que dans l'attitude, Federer semble en fin de cycle. « *Mais un champion qui décline doit-il se retirer ?* », demande avec pertinence Marie Claude-Martin dans les colonnes du Temps. Pour elle, même si le champion Federer s'étiole, l'« *esthétique Federer* » demeure. Federer sera mauvais, dit-elle, « *le jour où il prendra son adversaire pour un ennemi à terrasser, où il brandira son poing comme un chef de bande, où il tiendra sa raquette à deux mains comme une batte de baseball, où il ahanera à chaque coup comme un mauvais acteur porno, où il grimacera de souffrance comme si le tennis devait être un chemin de croix.* ». Federer s'étiole, oui, mais à la manière d'une étoile en fin de vie dont on profiterait encore du scintillement.

C'est sûr, 2013 est à ce jour sa pire saison depuis que Roger Federer est Roger Federer. De l'Open d'Australie aux Masters de fin d'année, il n'y a presque rien à sauver. D'ailleurs, la seule bonne nouvelle qu'il annonce tombe en décembre, à l'intersaison, quand il révèle que son épouse Mirka est à nouveau enceinte. La joie privée qui soulage la crise sportive, on n'en avait pas l'habitude avec Roger.

Federer est apparu, a vaincu et maintenant disparaît, c'est le cycle éternel des champions. Mais Federer n'est pas un champion comme les autres. Il n'est pas encore mort tennistiquement et ce n'est pas parce que la presse lui aménage un caveau qu'il va s'y jeter. Federer conduit sa carrière en phoenix, et comme le veut le mythe du phoenix, il renaît toujours de ses cendres.

CHAPITRE 5 : UN FEDERER PATRIMONIAL

Il y a, dans l'histoire du sport, certaines images qui ont un fort pouvoir d'évocation et qui, à elles seules, traduisent l'état de béatitude ou de déliquescence d'un sportif ou d'une sportive. Aucune séquence n'exprime mieux la suprématie du cycliste Christopher Froome lors du Tour 2015 que celle où on le voit déposer tous ses rivaux en montagne lors de la 10ème étape vers la Pierre-Saint-Martin. Rien ne raconte aussi bien le début du déclin de la perchiste Yelena Isinbayeva que les larmes qu'elle verse lors de son zéro pointé aux championnats du monde d'athlétisme de Berlin en 2009. Aucun ralenti n'entérine plus clairement la fin du mythe Iker Casillas que celui où on le voit ridiculisé par Arjen Robben en match de poule de Coupe du Monde 2014. Oui, de telles images induisent des constats avec beaucoup plus de force que n'importe quelle analyse ou commentaire de journaliste.

Chez Federer, il y a aussi une image qui, à mon sens, résume assez bien ce que furent les dernières années de sa carrière. Elle avait été prise un dimanche, au début du mois de juin, le jour même de la finale de Roland-Garros 2015. Éliminé du tournoi parisien quatre jours plus tôt par Stanislas Wawrinka, Federer était retourné quelque temps chez lui et avait profité de son séjour dans sa ville natale pour assister à la finale de la Coupe de Suisse entre Nyon et Bâle. Assis aux premières loges, il avait été surpris en train de suivre la finale de Roland-Garros sur son smartphone.

L'auteur du cliché avait réussi son coup : la photo fit rapidement le tour du Web, suscitant étonnement et amusement de la part des internautes. Cependant, peu d'entre eux avaient relevé le subliminal message qu'elle véhiculait : **le grand moment de tennis de la journée, Federer le vivait derrière un écran !** Après avoir été l'acteur principal de son sport, après que ses adversaires l'eurent confiné aux seconds rôles, Federer n'était plus que le spectateur d'une pièce dont il avait longtemps porté la tête d'affiche. La dernière tranche de sa carrière tient en ce terrible constat : Federer est toujours présent sur le circuit, mais absent des grands moments.

Ceci dit, Federer n'achève pas sa carrière en trottinant, comme un athlète le ferait lors d'un tour d'honneur après une course. En dépit de son âge avancé et d'une concurrence de plus en plus variée, jeune et dynamique, il demeure un protagoniste majeur du circuit. Sa longévité à ce niveau est exceptionnelle, longévité qui n'avait d'ailleurs pas manqué d'impressionner un certain Jesús Aparicio. Plongé dans le coma suite à un accident de voiture en décembre 2004, cet Espagnol avait à peine eu le temps de vivre les premières heures de gloire de Federer. Quand il s'est réveillé onze ans plus tard et qu'il a appris que le Suisse était toujours parmi les tout meilleurs, il en avait été fortement impressionné. « *Quand j'ai appris qu'il jouait encore et qu'il était numéro deux mondial à son âge, je croyais qu'on se foutait de moi. Puis, quand j'ai su qu'il avait remporté 17 titres du Grand Chelem, j'ai posé mes mains sur mon visage. Je n'y croyais pas* », avait-il dit au journal *Puntodebreak*. On comprend son incrédulité. Onze ans plus tard, dans un sport qui met le corps à rude épreuve, Federer appartenait encore à l'élite du tennis.

Conscient de son incapacité à dominer le circuit comme il le faisait par le passé, Federer change de braquet et donne à sa fin de carrière une tournure patrimoniale. Chaque nouvelle victoire, chaque nouveau titre pérennise le souvenir de sa grandeur et l'ancre un peu plus dans l'histoire du tennis. Quiconque souhaite le voir prendre sa retraite n'a qu'à l'y contraindre sur les courts. N'affirmait-il pas un jour, alors qu'on l'interrogeait sur les prétentions des jeunes pousses prêtes à déboulonner les cadors du circuit : « *Ils veulent [notre] place ? Qu'ils le prouvent !* ».

Oui, qu'ils prouvent sur les courts que Roger Federer est fini ! Tant que les autres ne l'ont pas mis sous l'éteignoir, Federer continue de sécuriser les records qu'il possède et d'accrocher les quelques titres qui manquent à son palmarès. C'est d'ailleurs ce à quoi il s'attèle dès le début de l'année 2014.

Le tennis en équipe

Quand débute l'année 2014, de nombreuses questions, légitimes, se posent sur la carrière de Federer. Après sa saison-piquette de 2013, à quel millésime du Suisse aurait-t-on droit ? Quels objectifs viserait-il en 2014, et surtout, quelles raisons avait-il de penser que cette saison serait plus fructueuse que la précédente ? Il pouvait difficilement faire pire qu'en 2013, c'est certain, mais pouvait-il faire beaucoup mieux ? Etonnamment, les réponses à toutes ces questions, c'est « l'autre Suisse », Stanislas Wawrinka, qui les a imposées à Federer.

Les dernières saisons avaient déjà mis en lumière un Stan

plus performant et capable de rivaliser de temps à autre avec les ténors du circuit. Un an plus tôt, en janvier 2013, il avait opposé une farouche résistance à Novak Djokovic en demi-finale de l'Open d'Australie. Un match en cinq sets d'une pure folie, qu'il avait perdu à l'expérience. Cette saison-là, il avait accompli d'autres performances de taille qui lui avaient permis d'intégrer les huit meilleurs mondiaux et de disputer les Masters en fin d'année. Il y avait atteint les demi-finales, mais avait perdu son match contre Djokovic, futur vainqueur du tournoi.

Lors de l'Open d'Australie 2014, le tirage au sort place à nouveau le Vaudois dans la même partie de tableau que Djokovic. Les deux se retrouvent une nouvelle fois en demi-finale. Toujours en cinq sets, à l'issue d'un match extraordinaire, cette fois-ci Wawrinka l'emporte. En finale, il retrouve Nadal et le bat en quatre sets. Pour la première fois depuis Del Potro en 2009, pour la troisième fois en neuf ans, un joueur extérieur au Big Four remporte un tournoi du Grand Chelem. Federer en est d'ailleurs très fier, à en croire les encouragements répétés qu'il vocifère à Stan sur les réseaux sociaux.

Quand Stan remporte l'Open d'Australie, le regard que les autres portent sur lui change. Il devient numéro trois mondial et passe pour la première fois de sa vie devant Federer, qui rétrograde à la quatrième place. Début février, la Suisse a un huitième de finale crucial à disputer contre la Serbie en Coupe Davis. Avant l'Open d'Australie, Federer n'avait aucune intention d'y participer : la Coupe Davis ne figurait pas dans son calendrier publié en fin d'année 2013. Après le tournoi australien, avec cette victoire de Stan et l'annonce du forfait de Djokovic, il ne pouvait plus se dérober. Contraints par les événements, Federer annonce qu'il participera à ce premier tour et les deux Suisses remportent aisément leur huitième de finale. Cette victoire en poche, les rêves de Coupe Davis deviennent tangibles pour les deux Helvètes. Longtemps, la Suisse a manqué un duo solide qui lui permettrait d'aller au bout de la quête du Saladier d'argent. Il y avait bien eu l'épopée de 1992 où Jakob Hlasek et Marc Rosset étaient allés jusqu'en finale, mais ils avaient buté sur la *Dream Team* américaine de Sampras, Agassi, Courier et McEnroe. La présence de Federer et Wawrinka conjuguée aux éliminations de l'Espagne et de la Serbie rendait le rêve à nouveau possible. Pour la première fois depuis très longtemps, Federer met son égo de côté et affirme qu'il veut disputer cette Coupe Davis et la remporter.

Cette décision est loin d'être anodine quand on sait les rapports tumultueux que Federer entretient avec la Coupe Davis. Tout au long de sa carrière, à partir du moment où il a occupé les plus hautes places du classement ATP, il a systématiquement refusé de s'investir dans cette compétition. À peine se contentait-il de pointer le bout de son nez lors des matchs de barrage pour éviter à son équipe la relégation en division inférieure. Mais grâce ou à cause de Stan, il est présent durant toute la campagne et s'avère être une aide précieuse pour ses coéquipiers, surtout en demi-finale où il pallie remarquablement bien les défaillances de Wawrinka.

Sur le plan individuel, sa saison est plutôt bonne, en tout cas bien meilleure qu'en 2013. Il atteint régulièrement les finales des gros tournois. Il bat à nouveau Nadal ou Djokovic dans des tournois importants, et avec la manière. Il remporte à nouveau des Masters Series. À Wimbledon, il atteint une nouvelle fois la finale, où il livre un match d'anthologie face à Novak Djokovic malgré la défaite. Sa gestion des tournois lui permet de rester à flot tout au long de la saison quand un Nadal se plaint de plus en plus de ses genoux, qu'un Andy Murray disparaît des radars pour blessure et qu'un Djokovic a l'esprit occupé par l'organisation de son mariage. Profitant de l'absence de ses concurrents directs au courant de l'été, Federer engrange les points et s'empare de la deuxième place du classement, devant Nadal, devant Wawrinka, à seulement quelques milliers de points de Djokovic. Les journalistes font les comptes : Federer peut redevenir numéro un en fin de saison. Pour cela, il faut qu'il gagne, gagne et gagne encore.

La fin d'année se profile et bien qu'il reste encore les Masters à jouer, la finale de la Coupe Davis occupe l'espace médiatique. En France, on n'arrête pas d'en parler. La situation des deux équipes finalistes est différente : aucun joueur français n'est qualifié pour la compétition londonienne tandis que Federer et Wawrinka, en leur qualité de numéro deux et quatre mondiaux, vont y jouer les premiers rôles.

Le tournoi des Maîtres cuvée 2014 est l'un des plus faibles de l'histoire. De nombreux forfaits, des protagonistes pas au point, des matchs inintéressants, bouclés généralement en deux sets gagnants, constituent l'essentiel des rencontres de poule. Federer et Djokovic survolent leurs groupes respectifs. Wawrinka, dans le groupe de Djokovic, termine deuxième et doit affronter son compatriote Federer en demi-finale.

Lors de ce match, les deux helvètes se rendent coup pour coup. Wawrinka remporte la première manche 6-4, mais Federer riposte au deuxième set qu'il empoche 7-5. Au troisième set, à 5-5 40-40, alors que la tension est à son comble, un incident se produit. Federer s'apprête à servir quand Wawrinka s'adresse à quelqu'un dans le public tout en interpellant le juge-arbitre. Apparemment, un supporter, une supportrice – on ne sait pas encore –, le perturbe dans sa façon d'encourager Federer. Cédric Mourier parvient à raisonner Wawrinka, et le match reprend son cours. Stanislas finit par le perdre au tie-break, après 2h48 d'un combat intense et malgré quatre balles de match en sa faveur.

Deux questions animent le débat à l'issue de cette rencontre : d'une part, quelle était la nature réelle de l'incident dont Wawrinka semblait être victime ? D'autre part, Federer aura-t-il suffisamment récupéré de ce combat pour la finale du lendemain ? Quoi qu'il en soit, on se régale d'avance de cette affiche car on est à peu près sûr d'avoir un spectacle digne de l'événement. Djokovic – Federer, c'est peut-être le bouquet final d'un Masters insipide, la cerise fraîche sur le gâteau pourri qu'était le tournoi. Après cette finale, Federer se rendrait à Lille pour finir l'année en beauté. Il ne pouvait pas rêver mieux.

Le matin du 16 novembre, jour de finale, c'est l'ébullition dans le milieu tennistique. Le match fait les gros titres des quotidiens sportifs. Les journalistes rappellent les chiffres : pour Federer, c'est plus de 990 victoires depuis le début de sa carrière et 19 victoires sur les 36 affrontements contre Djokovic. Le Serbe, quant à lui, est en route pour sa troisième victoire consécutive aux Masters, un record. D'autres médias soufflent sur les braises de l'incident de la veille : il se murmure que c'est Mirka Vavrinec, l'épouse de Federer, qui aurait gêné Stan lors de la demi-finale. John McEnroe, commentateur pour la télé britannique, alimente la polémique quand il affirme avoir entendu Federer et Wawrinka discuter longuement dans les vestiaires. Ne comprenant pas le français, l'américain ne sait pas donner la teneur de l'échange.

En milieu d'après-midi, la tension monte d'un cran. Les travées de l'O2 Arena de Londres se remplissent petit à petit, la fête va bientôt commencer. Enfin, c'est ce qu'on croit naïvement. Ce qu'on ignore, c'est que dans les coulisses, Federer est en pleine discussion avec son staff. Jouera ou jouera pas ? Depuis la veille, il ressent une gêne au bas du dos. Évaluer la nature de cette blessure est importante pour lui. Depuis qu'il est professionnel, jamais il n'a abandonné une rencontre en cours de partie. Soit il joue cette finale en étant sûr de son état physique, soit il ne la dispute pas.

Vers 17h30, la décision tombe comme un coup de tonnerre : Federer déclare forfait ! Il se présente sur le court londonien et l'explique sommairement au public. Un peu plus tard, il l'annonce à ses fans via Facebook : « *Je suis désolé d'annoncer que je ne pourrai pas jouer la finale de ce soir contre Novak. Je me suis fait mal au dos hier lors du match contre Stan. Je suis très déçu et espère que je me rétablirai vite. [...]. J'espère que tous les fans de tennis et tous ceux impliqués dans cet événement comprendront. ».* Novak est déclaré vainqueur sur tapis vert. Le public, la presse, les supporters, eux, attendent des explications.

Roger Federer
13 min ·

I am sorry to announce that I cannot play the finals tonight vs. Novak. I hurt my back late in the match yesterday against Stan. I am very disappointed and I hope to be feeling better soon.

It's been an extremely difficult decision because I love playing in London and the ATP World Tour Finals have been an absolute highlight of my career. Unfortunately, my back problem does not allow me to play right now. I hope all tennis fans and those involved in the event will understand.

J'aime · Commenter · Partager · 24 609 4 481 2 964

Ce n'est pas la première fois que Federer est amoindri à l'entame d'une finale de Masters. En 2005, lors de la finale perdue contre Nalbandian, il avait déjà eu des problèmes d'ordre physique. Cette finale-là, il l'avait malgré tout disputée, à la fois pour mettre un point d'honneur à une saison exceptionnelle, mais peut-être aussi parce qu'il pensait légitimement qu'il l'aurait remportée. Neuf années plus tard, face à un Djokovic numéro un mondial, avec une finale de Coupe Davis à disputer dans cinq jours, la situation n'était pas la même. Sa décision aussi, fatalement.

À l'annonce de ce forfait, les spéculations vont bon train : a-t-il voulu se préserver pour la Coupe Davis ? Sera-t-il seulement présent à Lille ? Personne n'a la réponse, pas même l'intéressé. Les Français sont partagés, même si en privé, rien ne dit que cette défection ne les rassure. Ils savent qu'ils ont 90% de gagner si l'un des deux Suisses venait à être absent.

Le lendemain, lundi 17 novembre, alors que les regards sont braqués vers la finale de la Coupe Davis, le journal londonien *The Telegraph* révèle les raisons de l'agacement de Stan lors de la demi-finale des Masters. Grâce aux images vidéo, la scène est entièrement reconstituée. À 5-5, 40 partout, Mirka encourage son mari avec grande ostentation. Stan se plaint auprès de l'arbitre. À cet instant, Mirka lance un « *Cry baby cry* ». En gros, elle le traite de pleurnicheur. Stan s'énerve. « Qu'est-ce qu'elle a dit ? », demande-t-il à Cédric Mourier. Le juge-arbitre le calme et la partie reprend. Naturellement, la révélation de l'incident n'est pas de nature à atténuer le pessimisme des supporters suisses.

Ce même jour, en début de soirée, Federer arrive à l'aéroport de Lille en jet privé, après un bref détour en Suisse. Stanislas Wawrinka, lui, se rend dans la capitale du Nord par l'Eurostar. Le soir même, sans doute pour faire taire les rumeurs, Federer poste sur son compte Twitter une photo de l'équipe, soudée, prête à en découdre. Il va peut-être éteindre le feu des conjectures, mais il est loin d'avoir étouffé la douleur qui le tenaille. Il n'a d'ailleurs toujours pas repris le chemin de l'entraînement. Où en est-il sur le plan physique ? On attend la conférence de presse de mardi pour en savoir plus.

Mardi, lors de cette conférence de presse, Federer se montre tout aussi évasif qu'à Londres. Oui, il va mieux que dimanche et lundi, mais il ne sait toujours pas s'il sera prêt pour vendredi. Il n'a pas encore repris le chemin de l'entraînement, ce qui n'augure rien de bon.

Mercredi, en fin de journée, Federer échange une demi-heure quelques balles à l'entraînement. Les journalistes se précipitent pour le filmer. Peut-être qu'il est prêt. Peut-être qu'il jouera cette finale. Il enchaîne une autre séance, plus intense, le jeudi matin, avant que le clan Suisse ne confirme sa participation le lendemain dans le deuxième match de la journée. Le tirage au sort lui offre Gaël Monfils.

Vendredi, la finale commence par un Stan Wawrinka vs Jo-Wilfried Tsonga. L'« autre Suisse » se montre impressionnant. Poussé par la horde de supporters helvètes venus en masse au stade Pierre Mauroy, il boucle son match en quatre manches. Federer ne pouvait pas rêver d'un meilleur lancement. Et pourtant, il fait un match lamentable contre Gaël Monfils. Pas au point physiquement et tactiquement, il se fait sérieusement bousculer et perd la rencontre en moins de deux heures, n'inscrivant que huit jeux sur l'ensemble des trois sets. L'espoir renaît alors dans le camp français.

En conférence de presse, Federer positive. Il dit qu'il s'est senti de mieux en mieux au fil de la rencontre, et reconnaît, grand seigneur, qu'il aurait été difficile de battre ce Monfils-là même s'il avait été en pleine possession de ses moyens. Sa participation au match du double du lendemain n'est pas encore certaine. Le capitaine de l'équipe Suisse, Séverin Luthi, doit encore décider. Il élude la question lorsqu'on la lui pose en conférence de presse.

Samedi 22 novembre, jour de double, Federer est bien aligné, comme pressenti. C'est plutôt dans le camp français qu'une modification intervient en début d'après-midi : Benneteau remplace Tsonga, initialement désigné pour jouer le double aux côtés de Richard Gasquet. Ce chamboulement n'est pas à l'avantage des protégés d'Arnaud Clément. Face à un Federer retrouvé et à un Wawrinka surfant sur sa forme du moment, le double français s'incline en trois sets contre la paire championne olympique à Pékin. L'équipe suisse vire en tête, et on ne voit plus trop ce qui les empêcherait de soulever le Saladier d'argent.

Dimanche 23 novembre, le forfait de Tsonga, blessé, est confirmé par le staff français. Par conséquent, Federer affronte Gasquet pour son deuxième simple. Tout semble aller pour le mieux. Federer prend rapidement les devants dans la première manche, mais alors qu'il mène 4-2, un douloureux spasme le saisit au bas du dos et lui fait craindre le pire. Discrètement, il demande à son staff, et notamment à Severin Luthi d'avertir Wawrinka qu'il risque d'abandonner. Dans la minute, Stan reçoit un SMS : « Prépare-toi ». Ce message le trouble. Il ne comprend pas pourquoi il devrait se préparer alors que Federer déroule. Le staff suisse lui explique sûrement la situation puisque par la suite, Stanislas retrouve les siens dans les gradins et encourage à fond Federer jusqu'à ce qu'il remporte la rencontre en trois sets (6-4, 6-2, 6-2).

Oui, car en dépit de la douleur, Federer ne fait qu'une bouchée du Biterrois. Comme un symbole de ce qui fait l'essence de son jeu, il marque son dernier point sur une belle amortie et s'écroule sur la terre battue aussitôt qu'il comprend ce qu'il vient de réaliser. Il vient de remporter la Coupe Davis, un de ces rares grands tournois qui manquaient à son palmarès ! La Suisse est à la fête. Les Français dégoutés. La semaine avait si mal commencé pour les rouge et blanc mais elle se termine en apothéose. Fini, les multiples soubresauts du « Mirkagate ». Fini, les murmures suite au forfait de Federer lors de la finale des Masters. Fini, les nombreux reproches qui lui avaient été adressés pour sa non-implication en Coupe Davis durant toutes ces années. Enfin, fini cette année où, même s'il n'a pas gagné de Grand Chelem, Federer a rejoué à un niveau plus proche de ses standards.

Federer face au Djoker

L'épilogue en apothéose de l'année 2014 de Federer ombrage d'une part son forfait en finale des Masters, et d'autre part la nouvelle rivalité qui s'installe entre lui et Djokovic. Ces deux-là étaient de tous les grands rendez-vous en 2014 et même s'ils s'étaient déjà affrontés plus de trente fois par le passé, leurs récentes confrontations indiquaient que leur opposition entrait dans une nouvelle dimension, ce que viendra confirmer la saison 2015.

À vrai dire, c'est surtout Djokovic qui est entré dans une nouvelle dimension. Depuis des mois, il ne manque plus aucune finale majeure et s'accroche solidement à son trône de numéro un. Federer n'a certainement pas oublié le jour où le Serbe fanfaronnait qu'il deviendrait numéro un mondial. À l'époque, tout le monde raillait ses ambitions.

Du travail en plus, du gluten en moins, l'avaient permis d'atteindre la forme physique et la sérénité mentale qui allaient le maintenir au sommet. On pensait sa saison 2011, déjà exceptionnelle, la meilleure de sa carrière ; on se trompait. L'année 2015 voit Djokovic repousser les limites de l'excellence et atteindre un niveau contre lequel seul le Federer de la grande époque pourrait tenir comparaison. Les performances du Serbe sont d'autant plus sensationnelles quand elles sont mises en contraste avec les errances d'un Nadal en butte à des problèmes physiques, l'inconstance d'un Murray qui peine à justifier son statut de membre du Big Four et l'inefficacité d'un Federer dont l'âge et le jeu ne permettent plus d'accrocher les meilleurs *quand c'est important.*

Djokovic donne le ton de la saison quand il remporte l'Open d'Australie pour la cinquième fois, dominant un tournoi où Federer connaît son seul véritable couac de l'année de par sa défaite au troisième tour contre Andreas Seppi. Six semaines plus tard, le Suisse amorce véritablement sa saison par un coup d'éclat quand il domine en deux sets Djokovic en finale à Dubaï. Novak réplique une semaine plus tard au Masters 1000 d'Indian Wells[3], et déjà, ces deux confrontations annoncent le ton de leur rivalité tout au long de la saison : Roger gagne quand il est opportuniste ; Novak, tout simplement parce qu'il est plus fort.

Et pourtant, ce n'est pas faute d'essayer. Influencé par son nouvel entraîneur Stefan Edberg, Federer retrouve un tennis ultra-offensif, poussant le vice jusqu'à inventer, au

---

[3] Les Masters 1000 correspondent aux tournois qu'on appelait Masters Series. Il s'agit des tournois les plus importants de l'année après ceux du Grand Chelem.

cours de l'été, un nouveau coup que les anglophones baptiseront le SABR (*Sneak attack by Roger*, attaque furtive par Roger) : un retour de service en demi-volée sur les secondes balles adverses, qui oblige l'adversaire à lâcher un passing sans avoir le temps de s'organiser. La technique, même si elle surprend nombre de ses adversaires, ne suffit pas pour déboulonner Djokovic, sans doute un des meilleurs « retourneurs » du circuit.

La « Fed-Attack » fait particulièrement fureur au cours de l'été, moment de la saison où on pense que le trône de Djokovic est en train de vaciller. Le Serbe avait perdu la finale de Roland-Garros contre Wawrinka début juin, il avait dû s'employer pour battre Federer en finale à Wimbledon et s'était incliné deux fois lors de la tournée américaine des Masters Series à Indians Wells (contre Murray) et à Cincinnati (contre Federer). Mais l'espoir de ses adversaires fut de courte durée : Djokovic reprend sa marche en avant en s'imposant à l'US Open, dominant un Federer pourtant soutenu par toute la foule du court Arthur Ashe. Par cette victoire à New York, Djokovic rappelle qu'en cette année 2015, le patron des courts à défaut des cœurs, c'est bien lui.

Les Masters de Londres, qui arrivent en fin d'année, vont lui permettre de conforter cette reprise en main. Le tirage au sort fait que les deux meilleurs joueurs de la saison, Federer et Djokovic, sont réunis dans le même groupe « Stan Smith », tandis que Nadal, Murray et Wawinka se disputent les deux premières places dans l'autre poule. En round-robin, alors que Djokovic reste sur une série de vingt-trois succès consécutifs, Federer crée la surprise en le dominant en deux sets. Mais Djokovic remporte ses autres rencontres et, après une demi-finale contre Nadal, retrouve Federer en finale.

Cette fois-ci, la finale aura bien lieu dans une O2 Arena chauffée à blanc. Il n'y aura pas de défection de Federer, du moins pas de défection physique. C'est dans le jeu qu'il sera décevant. Djokovic profite du faible pourcentage de premières balles de Federer et de sa réussite des points importants pour remporter le premier set 6-3. Le semblant de révolte de Federer n'empêche pas le Serbe de remporter la deuxième manche 6-4, et sa victoire finale confirme ce qui a été observé tout au long de l'année : à chacune des confrontations entre les deux joueurs en 2015, celui qui a remporté le premier set a remporté le match. Cette finale de Masters ne dérogera pas à la règle. « *Qu'est-ce c'est dingue qu'il faille de nos jours battre deux fois Djokovic pour remporter un tournoi* », s'émeut un twittos. Quand c'est important, c'est Djokovic qui gagne ! Implacable réalité qui revient en plein visage de Federer lors de ce dernier match de la saison.

Six titres, deux finales de Grand Chelem, une finale de Masters, plusieurs finales de Masters 1000, ce n'est pas si mal pour un joueur de 34 ans. Mais ça reste insuffisant quand on s'appelle Federer et quand cela fait plus de trois ans qu'on n'a plus remporté de tournoi majeur. L'année 2016, olympique de surcroît, lui permettrait-elle de réparer cette injustice ?

Roger, l'intemporel

C'est sur cette dernière interrogation que se termine ce livre. La carrière de Federer n'est pas encore terminée, loin de là, mais la période que j'ai revisitée en a délivré, je crois, l'essentiel. Federer jouera et gagnera sûrement encore d'autres tournois en 2016. Peut-être même qu'il remportera à nouveau un Grand Chelem. Mais qu'importe ses résultats futurs, il a déjà bâti une légende et ses accomplissements passés suffisent à la garantir.

Contrairement à Gilgamesh, Federer a trouvé le secret de l'éternité. Sa singularité vient du fait qu'il a toujours joué non seulement contre ses adversaires du présent, mais aussi pour l'histoire. Federer est un Gilgamesh qui a réussi, car quand il mettra un terme à sa carrière, il cessera peut-être d'être le référent, mais grâce à l'empreinte qu'il aura laissée, il deviendra la référence. Voilà pourquoi son épopée demeure, d'une certaine façon, éternelle.

CONCLUSION

« *Ne jamais être né est peut-être le plus grand bienfait* », disait Sophocle. Foutaises. Un joueur tel que Federer, s'il n'avait pas existé, n'aurait pas été un bienfait pour le tennis. La question de savoir s'il est ou non le meilleur joueur de l'histoire du tennis ne sera jamais tranchée. D'aucuns de ses adversaires le reconnaissent volontiers, mais le temps et la réalité des chiffres tendent à nuancer cette catégorique affirmation.

Il n'empêche à mon sens, que Federer a freiné, retardé, annihilé l'espace d'un moment la transformation que subira inévitablement le tennis. De sport élégant, il est devenu beaucoup plus rustre, régenté par la performance. « *Le tennis n'est pas un jeu* », affirmait l'ancienne joueuse Dominique Bonnot dans son essai *N'oublie pas de gagner*. Elle ajoutait : « *C'est un outil à mesurer ses limites physiques et sa capacité à surmonter ses émotions* ». Le tennis d'aujourd'hui correspond de plus en plus à cette définition. Il est en train de perdre une partie de ce qui faisait son charme, et seul Federer est parvenu à enrayer cette inexorable tendance. Je ne dis pas que les Nadal, Djokovic, Murray et autres Tsonga jouent comme des brutes et n'ont comme seule arme que le service et la défense. Il leur arrive aussi de faire des coups de toute classe. Mais ces coups restent, bien souvent malheureusement, l'exception plutôt que la règle. La particularité de Federer, c'est que chez lui, le beau jeu est la norme. Je n'irai pas jusqu'à dire, comme le répète André Scala, que « *Federer joue au tennis comme le tennis doit être joué* », suggérant par là qu'il n'y aurait qu'une seule façon de bien jouer et que c'est Federer qui l'incarnerait le mieux. Cela dit, j'estime, et c'est un sentiment partagé par beaucoup, que son jeu est l'un des plus plaisants à suivre du circuit.

Le tennis féminin a déjà cédé à ce jeu sans esthétique. Il suffit d'étudier le jeu de celles qui le dominent actuellement. Regardez un match de Serena Williams, une rencontre de Sharapova, un combat d'Azarenka. Ces joueuses-là ne battent pas leurs adversaires, elles les pulvérisent. C'est impressionnant mais ce n'est pas forcément beau à voir. On ne jubile pas devant de telles rencontres, au mieux nous ébahissent-elles. Où est passée la finesse d'une Martina Hingis ? La précision d'une Justine Hénin ? Les grands écarts d'une Kim Clijsters ? Le revers lâché d'une Amélie Mauresmo ? Tout sport a besoin d'instants de fantaisie, de *tiki-taka*. L'équipe de football du Brésil en était la parfaite incarnation pendant longtemps, avant de céder au jeu formaté de la plupart des écuries européennes, et on a vu ce que cela a donné lors de la dernière Coupe du Monde. Malheureusement, le tennis, dernier résistant grâce à Federer, est en train de le perdre ce qui faisait sa beauté.

Federer gagnera-t-il encore un Grand Chelem ? On est

en droit de se poser la question, au vu de ses lacunes de plus en plus criantes face aux meilleurs mondiaux et de sa difficulté à maintenir un haut niveau plusieurs matchs d'affilée. Donner une réponse catégorique serait présomptueux. Le tennis est un sport à surprise, où tout peut arriver sans qu'on n'ait rien vu venir. Personne n'imaginait que Federer gagnerait Roland Garros en 2009, et ce ne serait probablement pas arrivé si, dans un rare concours de circonstance, Nadal, Djokovic et Murray n'avaient pas perdu plus tôt dans le tournoi parisien. Donc oui, Federer peut encore gagner un Grand Chelem, tout comme Sampras l'avait fait à plus de trente ans lors de l'US Open 2002. Federer gagnera-t-il les Jeux de Rio en 2016 ? Permettez-moi d'en douter. Vu la façon dont évoluent ses adversaires, et vu la manière dont il décline, je ne le vois pas réussir cet objectif. Mais je me souviens qu'on disait la même chose il y a trois ou quatre ans avec les JO de Londres. C'est vrai. On pensait que le Suisse, à trente et un an, n'aurait plus la force d'attaquer ce dernier tournoi avec des chances de le gagner. Non seulement il l'a plutôt réussi (sa finale contre Murray étant la seule déception), mais en plus il en était le favori. Tout est donc possible, mais il me semble évident que ses chances de gagner cette compétition s'amenuisent à mesure qu'il prend de l'âge.

Quelle que soit la suite qu'il accordera à sa carrière, je demeure heureux d'avoir été un témoin privilégié de la brillante époque durant laquelle il a dominé. Federer a rappelé que le tennis, et le sport en général, était consubstantiellement esthétique. Plus que d'autres, il a donné du plaisir aux spectateurs. Mais comme prévu, l'esthète a fini par capituler face aux bourrins. Le roi n'est plus, vive ses successeurs.

Reste à savoir ce qu'il fera à l'avenir. Je lui prédis une belle carrière de consultant et, pourquoi pas, d'entraîneur. Consultant, j'en suis sûr, il le deviendra et il brillera dans cet exercice, car il est non seulement un fabuleux joueur, mais aussi un fin connaisseur du tennis. Il en connaît toutes les particularités : technique, joueurs, histoire de ce sport ; rien de cela ne lui est étranger.

Quant au fait de devenir entraîneur, je m'interroge. L'histoire du sport a suffisamment démontré que les plus grands joueurs ne devenaient pas forcément de grands entraîneurs, et que les entraîneurs ayant connu de gros succès n'avaient pas nécessairement été de grands joueurs. Ce qui atténue mon doute dans le cas de Federer vient du fait qu'il n'est pas seulement doté de talent, mais aussi d'un sens tactique supérieur à la moyenne. Alors coach Federer ? C'est possible, mais l'avenir nous dira ce qu'il en sera réellement. Entre-temps, profitons de ses dernières années de présence sur le circuit car, j'en suis persuadé, nous ne verrons plus un joueur de sa trempe avant très longtemps.

APPENDICE

Cette section rassemble une série d'articles que j'ai écrits en complément de la trame narrative que je développe tout au long du livre. Elle relate des expériences que j'ai vécues en lien avec le tennis ou revient plus en détail sur des épisodes de la carrière de Federer. J'espère que vous l'apprécierez.

JIVA BAHATI

Une virée à Wimbledon

C'était à la fin de l'année 2014. J'avais visité tous les points d'intérêt à Londres, mais il m'en restait un à découvrir. Je me l'étais réservé pour la fin, comme un petit dessert après un bon plat. Ce dernier jour de vacances, je suis allé voir le site de Wimbledon.

La station de métro la plus proche de mon hôtel est celle de la gare Victoria. J'y prend mon métro, il me dépose à la station de Wimbledon. De là, je prend un bus dans lequel grimpe un essaim de touristes. Je devine qu'ils vont tous au même endroit que moi.

Quelques minutes plus tard, le bus nous dépose à l'entrée du complexe. Il fait froid, très froid en cette fin de mois de décembre, et le vent glaçant frigorifie mes phalangettes. On est loin des températures qu'on atteint au mois de juillet, quand se dispute le Grand Chelem Londonien. En revanche, ce qui ne change pas, quelle que soit la saison, c'est la prestance de l'endroit, le flegme du complexe, la rigueur de ses formes géométriques, comme si les bâtisseurs avaient transmis leur attitude caricaturée à leur construction.

Je me présente au guichet. La réceptionniste me demande de choisir entre la visite du musée de Wimbledon ou le parcours complet qui, en plus de l'exploration du musée, donne droit à une visite guidée de l'ensemble du complexe. La différence de prix entre les deux formules n'est pas négligeable, mais mon appétit de dévorer ce lieu chargé d'Histoire prend le pas sur ma volonté de faire des économies. J'opte pour la deuxième formule.

Alors que nous attendons notre tour dans la boutique, une dame nous avertit que notre guide vient d'arriver et nous invite à le rejoindre à l'extérieur. Monsieur-le-guide est très jovial, très sympathique. Il a le timbre d'un speaker de Premier League et est vêtu d'un pantalon et d'une veste aux couleurs de l'endroit. Ce « Tour », il l'a sûrement fait des dizaines de fois. Des touristes, il en a vu de toutes les nationalités. Et c'est justement ce qu'il nous demande, nos nationalités. Il y a dans le tas des Belges, des Français, des Chinois, des Japonais, des Hollandais, des Américains, etc. Il fait le compte : six ou sept nationalités différentes, je ne m'en souviens plus exactement. « Ce n'est pas le record », nous dit-il avec un sourire narquois. Il affirme avoir déjà accompagné un groupe dont les membres étaient issus de 14 pays différents !

Le visite guidée nous conduit dans un premiers temps vers une énorme statue, celle de Fred Perry, illustre tennisman britannique, longtemps le dernier de l'île à s'être imposé au All England Club. Mais ça, nous rappelle notre guide, c'était avant la victoire d'Andy Murray en 2013. Peut-être, ajoute-t-il, que dans quelques années ils érigeront une statue à la gloire de l'Ecossais.

Nous continuons notre parcours, et arrivons face au tableau complet des résultats du dernier Wimbledon (2014). L'attention de notre guide se porte plus particulièrement sur l'affiche de la finale : Djokovic-Federer. Match extraordinaire, se remémore-t-il. Un Federer qu'on croyait perdu arrive à emmener son adversaire au bout des cinq sets. Je ne sais pas si monsieur le guide est fan de Federer, mais à voir la façon dont ses yeux pétillent quand il parle de lui, je devine qu'il lui voue une admiration certaine.

Nous découvrons finalement les principaux courts : le court central bien entendu, le court numéro 1, l'esplanade d'où assistent ceux qui n'ont pas pu se procurer de billet, les appartements des joueurs, la salle de presse, etc.

Au cours de notre balade, le guide s'arrête un instant près d'un court, et nous demande si nous savons ce qu'il a de particulier. Le court n'a rien de spécial à mes yeux. Il est plus petit que le court central et son pré apparaît défraîchi. Nos regards interrogateurs, de plus en plus insistants, signalent notre ignorance et sonne le glas de sa devinette : le court qu'il nous montre est le court n°19, devenu mythique pour avoir été le théâtre du match le plus long en Grand Chelem. Mahut contre Isner : 11h05 de jeu, 70-68 dans le dernier set, deux ou trois jours pour en finir. Oh que je me souviens de ce match extraordinaire ! Oh que je m'en rappelle !

La dernière halte nous emmène à l'intérieur du court central où, assis dans les gradins, je prends soin de faire quelques photos. L'instant est sublime : le soleil baisse pavillon à ce moment de la journée et la lumière qu'il diffuse éclabousse le panneau des scores figé sur le résultat de la finale 2014. Moment cruel, moment unique, moment magique.

Je retourne dans la boutique, hésite à acheter une ou deux babioles, renonce à cause du prix, puis prend le chemin du retour. Bus, train, métro, pied. J'aurais pris tous les moyens de transport possibles ce jour-là. C'est mon dernier jour à Londres et il est réussi. Je n'aurai peut-être jamais l'occasion d'assister à une rencontre en direct à cause du prix, mais j'ai au moins eu le privilège de visiter Wimbledon, et ça, croyez-moi, ça n'a pas de prix.

RÉFÉRENCES

[1] Scala André. Silences de Federer. Éditions de La Différence, Paris, 2011. 92 p. Collection Les Essais.

[2] Macha Séry. «Benoît Heimermann: "Le sport n'est plus considéré comme un sujet dégradant"». Le MONDE DES LIVRES. http://www.lemonde.fr/livres/article/2012/06/21/le-sport-n-est-plus-considere-comme-un-sujet-litteraire-degradant_1722175_3260.html (Page consultée le 03/01/2015)

[3] LE MAG Eurosport. « Il faut sauver la littérature de sport ». http://lemag.eurosport.fr/culture-pop/il-faut-sauver-la-litterature-de-sport-4970/ (Page consultée le 03/01/2015)

[4] Capber Rémi, Dahlem Pauline, Grethen Vincent, Trupiano Laurent. « Roger, mon amour : sa vie, son oeuvre, sa légende, son mythe ». Flora Consulting, 2012. 110 p. We love tennis.

[5] Cochennec Yannick. «Roger Federer, le sale gosse devenu classe ». Slate Sports. http://www.slate.fr/story/30665/federer (Page consultée le 03/01/2015)

[6] Cajeux Gaëlle. «Lynette Federer: "Très vite, Roger a souhaité donner un peu en retour" ». Le Matin. http://www.lematin.ch/sports/tennis/lynette-federer-tres-

vite-roger-souhaite-donner-un-peu-en-retour-2011-12-17 (Page non disponible le 03/01/2015).

[7] Cap-vert Rémi. « Boutter : "Federer est une icône" ». We love tennis. http://www.welovetennis.fr/interviews/56272-federer-est-une-icone-un-homme-de-valeurs (Page consultée le 03/01/2015).

[8] Eurosport. «Federer: "Une chimère" ». http://www.eurosport.fr/tennis/open-d-australie/2008/federer-une-chimere_sto1457081/story.shtml (consultée le 03/01/2015).

[9] Eurosport. «A quoi joue Federer ? ». http://www.eurosport.fr/tennis/atp-dubai/2008/story_sto1499102.shtml (Page consultée le 03/01/2015).

[10] Despont Christian. «Roger Federer, le voile de la fragilité ». Le Temps / Sports. http://www.letemps.ch/template/sport.asp?page=11&article=228923 (Page non disponible le 03/01/2015).

[11] Nadal Rafaël, Carlin John. « Rafa ». JC Lattès, 2012. 320 p. Essais et documents.

[12] Eurosport. «Nadal éclipse Federer ». http://www.eurosport.fr/tennis/wimbledon/2008/nadal-eclipse-federer_sto1627235/story.shtml (Page consultée le 03/01/2015).

[13] Despont Christian. « "C'est un désastre. Je suis cassé" ». Le Temps / Sports. (URL de la page difficilement retrouvable).

[14] Martin Marie-Claude. «Roger Federer, l'art de servir ». Le Temps / Sports. http://www.letemps.ch/Page/Uuid/1e37ef66-1659-11e3-b9e2-0f4022406dd8/Roger_Federer_lart_de_servir (Page consultée le 03/01/2015).

[15] Briggs Simon. «Roger Federer's wife Mirka sparked row by heckling Stan Wawrinka ». The Telegraph. http://www.telegraph.co.uk/sport/tennis/rogerfederer/11235838/Roger-Federers-wife-Mirka-sparked-row-by-heckling-Stan-Wawrinka.html (Page consultée le 03/01/2015).

[16] Jose M. Gutiérrez Morón. « ¿Quién podía imaginar que volvería de este viaje? ». Puntodebreak.com. http://www.puntodebreak.com/2015/09/21/quien-podia-imaginar-volveria-viaje (Page consultée le 2/12/2015).

[17] Dominique Bonnot. N'oublie pas de gagner : Dans les coulisses du tennis féminin. Stock, 2015. 270 p. Essais – Document.

AU SUJET DE L'AUTEUR

Jiva Bahati est informaticien. Depuis qu'il est tout petit, il s'intéresse aux nouvelles technologies et à l'impact de celles-ci sur la société. Au cours d'un mémoire réalisé sur le thème du livre numérique, il découvre la plateforme d'auto-édition Kindle Direct Publishing (KDP) et décide d'y faire ses gammes. Il y publie de nombreux livres, don't l'Épopée Federer, que vous venez de lire.

www.ingramcontent.com/pod-product-compliance
Lightning Source LLC
Chambersburg PA
CBHW041104110426
42740CB00043B/145